命を懸ける

幸福を実現する政治

釈量子

まえがき

「命を懸ける」。

このタイトルを見て、ずいぶんいきがっているじゃないかと思う方もいらっしゃるかもしれません。

しかし、これは、つい七〇年ほど前までの「日本人」の生き様だったのです。

命を軽視したのではなく、「命より尊いもの」を知っていた人たちがいたという事実は、私に何かを問いかけています。

吉田松陰先生、先生のご生涯はなぜあれほどの純粋さで貫かれておられたのでしょうか。

坂本龍馬先生、どうして維新の立役者でありながら、名利《みょうり》など一切求めず、時代を駆け抜けていかれたのでしょうか。

名のある偉人でなくとも、靖国神社に納められている特攻隊員の遺書を読めば、名もなき若者たちの精神性のあまりの高さに、衝撃を受けるしかありません。

現代の生き方と引き比べ、この違いをどう埋めたらいいのかと思うと、気が遠くなりそうです。

しかし少なくとも、そうした先人たちの愛が、この日本にはアトモスフィア（霊的な空気）として遺されています。

「日本の誇り」が、ここにあります。

政治に今一番必要なのは、そんな先人たちの生き様と自分たちの違いは何なのかを、考えることだと思います。

「命を懸ける」とは、どういうことか――これは一種の禅の公案のようなものかもしれません。一見、平和に見える現代において、私たちは、自分たちの人生の意義をどう見出し、どのように燃焼させていけばよいのか。

本書はそうしたことを念頭に、先人たちへの感謝を込めて、一気に書きおろしました。

日本人とは何か、考えるきっかけになれば幸いです。

二〇一四年一一月二〇日

幸福実現党党首　釈量子

命を懸ける　目次

第一章

政治と幸福

なぜ霊的人生観が必要なのか

第二章

自由と革命

日本の見えざる危機を救うには

奴隷化する世界にあって、自由の旗を振る
何よりも重い自由の価値
世界の一切の不条理をなくすために
世界中の人に魂を輝かせる喜びを

第三章

繁栄と未来

「努力即幸福」の国へ

1．ユートピア論　130

処刑されたトマス・モアが聖人になるまで

第一章

政治と幸福

なぜ霊的人生観が必要なのか

1. 世界の現実を見据える

北朝鮮の強制収容所で何が行われているか

「大きな力」には「大きな責任」が伴うものです。「政治」は、歴史上、時に恐ろしいまでの不幸を生むことがありました。そして今日も、なぜここまでと思うような事態が、同じ時代の同じ空のもとで起きているのです。

今年（二〇一四年）初め、北朝鮮の政治犯収容所完全統制区域价川《ケチョン》14号で生まれ、強制収容所から初めて脱出に成功した青年、申東赫《シンドンヒョク》さんと対談する機会がありました。透明感のある人柄と、控えめな笑顔が素敵な人でした。

一家の不幸は一九六五年に起きました。ある朝、父親の家に、保安員のトラックが乗り付け、「荷物をまとめろ！」の一言で一家全員が強制収容所送りとなったのです。罪状は不明。後に書類の記載で、叔父が北朝鮮を見限って韓国に渡ったこと（越南）が罪とされたことを知ったそうですが、収容者の七割が「自分がなぜ収容所にいるのか分からない」のだそうです。

申さんは〝表彰結婚〟という模範的な囚人同士の結婚をした両親のもとで生まれました。そして愛情ではなく、軍服姿に拳銃を下げた〝先生様〟の日常的な虐待と拷問の中で育ちます。一三歳の時、収容所の規則に反して母と兄が会っているのを「密告」し、申さん自身、地下の秘密監獄で手足を縛られ火あぶりの拷問にあいます。やっと地上に出され、まず連れていかれたのが、母と兄の公開処刑の現場だったというのです。

私がインタビューした時、通訳の方は「どこのマスコミも、この体験談ばかり聞いてくる。本人の精神的負担が大きいので、その場合は私が答えます」と言っていました。

なぜ、地上に〝生き地獄〟が存在するのか

収容所にいた申さんの運命の輪が回転したのは二〇〇四年、中国に脱出した罪で収容された政府施設の課長から、初めて「外の世界」のことを耳にした時です。課長は「収容所自体が誤ったものだ」と、善悪の観念を申さんに注ぎ込みます。そして外の世界や、美味しい食べ物について語ります。「中国に行ってみたい、一度でいいから白いご飯を食べてみたい、できればここから脱出したい」――生まれて初めて生きがいを持った申さんは、ある日、課長とともに電気鉄条網に飛び込んで脱出を図ります。一人成功した申さんは、北朝鮮の国内を抜けて中国に潜伏、杭州《こうしゅう》の韓国料理店で脱北を支援する人物に出会って韓国の領事館へ。奇跡的に自由主義社会にたどり着いたのです。

この壮絶なエピソードは、「北朝鮮強制収容所に生まれて」というドキュメンタ

リー映画（二〇一四年三月公開）にもなりましたが、私が会ってお話を聞くなかで、強い衝撃を受けたのが、自由の身になった申さんが〝不条理〟への答えを必死に求めていたことでした。

なぜ、あのような〝生き地獄〟が存在するのか。盗みや失言で処刑され、女性は保安員の性の道具となり、屠殺《とさつ》される家畜のように殺されていくのか。

「いつの日か、収容所のない北朝鮮に帰りたい。収容所では辛いことばかりでしたが、山や川、星などは本当に美しかった」

申さんは今、北朝鮮の未来を変えるために、世界各地を飛び回っています。

北朝鮮とキリスト教の意外な共通点

北朝鮮は、一九四八年、抗日運動の指導者だった金日成によって建国されました。

かつては「地上の楽園」と呼ばれ、朝日新聞等が朝鮮半島出身者の帰還事業を煽っていたのですが、そんな国の象徴が、強制収容所なのです。

申さんは脱北後、収容所での壮絶な体験の記憶と韓国での生活の適応に苦しんだようです。そして、さまざまな宗教に救いを求めたと言います。インドの仏教寺院で修行をしたり、韓国のキリスト教の教会にも通ったりしています。しかし、そこで救われているわけではありません。私が驚いたのは、「教会と強制収容所はまったく同じことを言っている」という一言でした。

強制収容所にいる人の思考体系は、「自分は罪を犯してここにいる」という意識です。それゆえ、脱北や暴動は絶対に不可能だと言います。申さんからすれば、その考え方が、キリスト教会がいう「人間罪の子」という原罪思想と同じ論理だというわけです。

これは、極めて重大なテーマをはらんでいます。

原罪（the original sin）とは、アダムとイブがサタンの化身である蛇にそそのかされ、知恵の実を食べたことにあるとされます。しかし、これでは十分に「世界の悪」を説明することはできません。少なくとも、アダムとイブの罪は今の時代の人に責任がないのです。責任があるのは、自分自身の考えや行いぐらいです。申さんは、この教えで心を解き放つことはできないわけです。

「神がいるなら、なぜこの地上に悪があるのか。なぜ収容所があるのか」

この問いに答える思想があるとすれば、それは世界宗教になり得ます。大川隆法・幸福の科学グループ創始者兼総裁は、『「宗教の挑戦」講義』でこう指摘しています。

「神様がいるのに、こんなことがなぜ起きるのだろうか」ということは、人間が持つ共通の疑問なのです。その疑問に答えられないと、無神論や唯物論が出てくるのです。ですから、それに答える理論を持っていなければなりません。

その理論というのは、当会で言えば、次元構造論、それから地獄がどのようにして成り立っているか、そして過去の歴史です。何千万年、何億年の歴史のなかで、どのようなことが繰り返されてきたのか。そして、地獄の存在について、いま天国の霊たちはどう考えているのか。私たちはそれをどうしようとしているのか――。

当会は、地獄をなくしていくための地獄霊救済の理論を持っています。悪とは、自由と自由の相剋《そうこく》です。人間が自由を任されたがゆえに、一人では悪が起きないところが、二人以上になったときに悪が起きてくるのです。一人だけの世界では、悪は出てきません。ところが複数の人間がいると、そこに必ず悪が出てくるのです。それは、自由意思の相剋で起きてくる歪《ひず》みなのです。

だからこそ、調和の原理が大事です。お互いに調和することが大事なのです。さらに、お互いが幸福になるためには、単に調和しているだけでもだめです。相互の幸福が増えなければいけません。幸福の総量が増えてこそ、すべての人がもっともっと幸福になっていくのです。
進歩も大事です。調和も大事です。両方が必要です。このようなことを、教えとしていろいろなかたちで説いているのが幸福の科学です。その意味で、世界宗教になる条件は充分に持っていると思います。あとは実践あるのみだと思います。

『「宗教の挑戦」講義』84〜85ページ

私は、申さんに、「因果の理法」を伝えました。原因あれば結果あり。良い種を蒔けばよい果実が実り、努力すれば夢は確実に叶うという希望の原理です。また同時に、悪を犯せばその報いも自分が受けるという戒めです。悪人が栄えるように見えし時があったとしても（これを「異熟果《いじゅくか》」と言います）、来世に天国・地獄があることで、因果の理法は完結します。神仏が創られたこの宇宙法則のもと、悪なる行為は、決して放置されないということなのです。

通訳の方によると、こうした宗教的な話をすることに対して、申さんが「かなり刺激を受けています」ということでした。

天安門事件で実際に起きたこと

昨年（二〇一三年）に訪れた中国でも、不条理の極みと思われる事件について耳にしました。現地で六〇代の男性に会ったところ、「何でも聞いて下さい。中国公民としてお答えしましょう」と言うので、思い切って、「一九八九年に起きた天安門事件の時に何をしていましたか」と聞いてみたのです。

すると、その方は事件当時のことを想い出しながら、語り始めました。

「私はその日、仕事で広州にいた。事件の翌日、北京から来た三〇代の若者に会ったので、『天安門で事件があったというが、本当か』と聞いてみたんです」

男性によると、その若者は突然、両目からどっと涙を溢《あふ》れさせて、「実は私の兄が見ていた。天安門広場で一列目の戦車が四台入ってきて、若者たちが寝ていた白いテントの上を踏み潰していった。二列目の戦車は、肉と骨をゴミのように集めていった。そして三列目の戦車は、水を撒いて通っていった」と語ったというのです。滂沱《ぼうだ》の涙が、恐るべき事件を証明したわけです。

これは伝聞ですので、正確ではないかもしれません。しかし自国の若者に銃口を向けたのは厳然たる事実です。一説によれば、北京の解放軍は、同じ北京語を話す同郷の若者を殺すのに忍びなく、北方のハルピンの部隊が若者たちを轢《ひ》き殺したとも言われています。

別れ際に男性は、当時、米ブッシュ大統領がテレビで「中国の人民解放軍は、人民を解放しているのではなく、弾圧している」と話しているのを聞いて、「天安門で殺された若者たちの名誉回復をする日が、新しい中国の出発の日だと思った」とも語ってくれました。

そんな話を聞いたこともあり、今年六月には、香港で四月にオープンした六四記念館にも行ってきました。「六四」というのは、天安門事件の起きた六月四日にちなんだものです。記念館には、天安門のレプリカが置かれ、周辺の通りの名前の上に、若者たちの名前が掲示されています。「天安門の母たち」というボランティア・グループも活動していて、犠牲者の母親たちの映像や資料をＤＶＤやＵＳＢメモリーに入れて頒布していました。

私が記念館を訪ねた時、ちょうど地元香港の中学校の青年教師が、生徒たちを連れて見学に来ていました。天安門事件のことを知らない世代になってきたので、大事なことを教えに来たそうです。

香港で起こった「雨傘革命」も、一五歳にして「天安門事件はなかった」などの「愛国教育」にノーを突きつけたジョシュア・ウォン君（一七歳）ら若者たちの存在があります。「六四天安門事件」は、来日した中国人全員に伝えなくてはならない事実です。

その天安門事件が起きたのは二五年も前ですが、ある意味では、現在進行形の事件ともいえます。

天安門事件当時、中国の民主化運動のリーダーの一人だった劉暁波《リュウギョウハ》さんは、今なお投獄されています。二〇一〇年にノーベル平和賞を受賞したことで有名になりましたが、「この受賞は天安門事件で犠牲になった人々の魂に贈られたものだ」と涙ながらに語ったと言われています（二〇一〇年一〇月一一日付朝日新聞）。中国では、現在只今でも、政府や体制を批判をすると、即座に刑務所入りです。

幸福実現党の立党の趣旨を確認する

日本の隣国の現実は、〃地上の地獄〃です。そして、この現実を知った時、私たちは、「人間としてどう思うのか」が問われます。そして考えます。

なぜ、こんな不幸が起きているのか。

なぜ、このような悲劇が繰り返されるのか。

それを突き詰めていくと、マルクスの『共産党宣言』という書物に行き着くのです。今から一六〇年ほど前の一八四八年に発表されたこの本は、世界を瞬く間に赤く染めていきました。そして「唯物論国家」の文明実験が行われました。そこでは際限のない虐殺と粛清が繰り広げられましたが、独裁者たちは神の存在を否定することで、良心を振り返ることすらしませんでした。

カンボジアのポル・ポトは、教師や学者など知識人層、歌手も医者も看護師も、病人も子供も片っ端から虐殺し、その総数は一〇〇～三〇〇万人と言われます。

ソ連のスターリンは、国家そのものを強制収容所に変えました。二〇〇〇万人を虐殺したばかりか、東欧諸国に「小スターリン」といわれる、密接なつながりを持った独裁者の体制をつくり、粛清政治が伝播《でんぱ》していきました。

毛沢東は、大躍進政策や文化大革命などを通して、二〇〇〇～四〇〇〇万もの人をあの世に送ったと言われます。

一九八九年にベルリンの壁が崩れ、一九九一年にソ連が崩壊しても、北朝鮮や中国では、今なお、共産主義政府による人権弾圧が繰り返され、日本でも共産主義や社会主義に対して共感する人々が数多くいます。マルクスの亡霊が今だに彷徨《さまよ》っているわけです。

地上の地獄を解消するためには、その原因であるマルクスの思想の影響を絶たなくてはなりません。実は、幸福実現党はそのためにできた政党なのです。

幸福実現党の創立者である大川総裁は、『幸福実現党宣言』で、次のように述べています。

> 当会が政治に進出する目的は「幸福の具体化」にあります。（中略）大局的には、「この世的ユートピアの実現を目指す」ということです。
>
> 私は、これまで、精神的バックボーンについては数多く説いてきましたが、それを具体化していくのは、なかなか困難なことであり、力が要《い》ることなので、今後、それを行っていきたいと思います。

そして、この『幸福実現党宣言』において、マルクスの『共産党宣言』を永遠に葬《ほうむ》り去りたいと考えています。

『幸福実現党宣言』30〜31ページ

幸福実現党は、その名のとおり、地上の地獄をなくして人々を幸福にしたいという思いから創立されたものです。政権の一角に食い込んで権力を握りたいとか、母体である宗教団体の権益を大きくしたいとかいうことではないのです。

マルクス主義をベースとする唯物論国家は、事実上、悪を量産する政治システムになっています。世界中の人々を幸福にしたいと願う私たちとしては、この不幸の拡大再生産システムを見過ごすことなく、粉砕しなければならないと考えているのです。

2. 信仰の大切さを見直す

霊魂を信じることで人は強くなれる

マルクス主義と対峙《たいじ》するためにも、信仰を持っていることの大切さについて触れておきたいと思います。

昨年末、アメリカのワシントンで、ウイグル（東トルキスタン）の人権活動家で「ウイグルの母」と呼ばれるラビア・カディールさんに話を聞いてきました。ラビアさんは、リビングルームで対談前の打合せの時点から、「中国共産党は、ウソをつくことと、人を殺すことの二つしかしていない！」と激しくまくしたてます。中国政府は二〇一三年四月以降、ウイグルで三〇回以上にわたってデモ隊への発砲や虐殺を行なっています。すでに人間的な感情を失っているとしか思えない、異常な光景は、インターネットでも垣間見ることができます。

そのラビアさんの言葉の意味を、先日、国際ウイグル人権民主財団日本全権代表のトゥール・ムハメットさんが東京都内のシンポジウムで語ってくれました。

「共産党は、ウソをつくことと人を殺すことしかしないとは、どういうことか。ウソをつくとは、洗脳するということです。信仰がない人は簡単に共産党に洗脳されます。ところが洗脳されないのが、信仰ある人たちです。だから、共産党は、信仰ある人を真っ先に殺すんです」と。

トゥールさんは敬虔なムスリム（イスラム教徒）です。信仰は違えども、私たちは目に見えない神を完全に信じ、また悪魔の存在も知っています。だから〝洗脳〟を見破るのは宗教だという話は、同じく信仰を持つ者として、非常によく分かる話でした。

神やあの世の存在を信じている人がどれほど強くなれるものか。さきほど述べた劉暁波さんは、その一人です。

天安門で学生らによる民主化運動が盛んになった当時、アメリカにいた劉暁波氏は帰国して運動に身を投じ、「反革命罪」で投獄されます。

その後も劉さんは何度も捕まり、ある時、反省文を書いて釈放されました。普通の人であれば出獄できてよかったという話ですが、この方は敬虔なクリスチャンでもあり、命を惜しんで本心とは違う反省文を書いてしまったことに対して良心が痛んだのです。

それで監獄から出た後、「真の猛士」たらんと一層力強く民主化運動を進め、もう一度捕まることになったのです。

劉さんの「十七歳へ」という詩は、事件に巻き込まれた一七歳の少年に対する万感の思いがつづられています。

「君は、親の制止にさからい、家のトイレの小さな窓から飛び出した。旗をさしあげたまま倒れたときは、まだ十七歳だった」

　そして劉氏は、その少年の霊魂が天上からずっと自分を見ていると言うのです。

　誰も見ていなくても霊が見ている。神が見ている。だから良心を偽ることはできない。そう思える人は、強い信念から正しく生きることの価値を知っています。

　それゆえ、共産党政府は劉氏を恐れ、そのノーベル賞受賞に抗議を繰り返しつつ、今も獄につないでいるのでしょう。

政治家は「心のなかで思っていることにも責任を取る」姿勢が必要

　マルクス主義の背景にある唯物論は、肉体がすべてであり、あの世もなく、霊もなく、神もいないという考え方です。悪いことをしても地獄に落ちるわけでもなく、いいことをしても天国に還るわけでもない。であれば、この世でなるべく得になるように生きたほうがよいと考えるようになります。ウソをついても、人を殺しても平気です。

キリスト教であれ、イスラム教であれ、仏教であれ、信仰を持っている人間からすると、この考え方は恐るべきものであることが分かります。実際に、そう考えた人たちがつくった国家では、国民が悲惨な目に遭いました。

ところが、信仰を持っていないと、その怖さが理解できません。

信仰を持つということは、心のなかで考えていることが、やがて神の前で明らかになると信じることです。

そうすると、毎日、心のなかで思っていること、考えていることについて、責任を感じるようになるのです。

『法句経』という仏典に、釈尊の「耕作者のたとえ」が収められています。

釈尊はある時、マガダ国のエカナラという村にとどまりました。バラモン農耕者バーラドヴァーガの五〇〇の犂《すき》は、種蒔きの季節にあたって、牛の軛《くびき》に結び付けられています。さて、朝方、釈尊が衣服を整えられて、鍬《くわ》をたずさえ、農耕者バラモンの立ち働いているところに行かれました。ちょうど農耕者バラモンは、その食物を分かち与えていたところでした。釈尊は一方に立たれます。バラモンは釈尊が乞《こつ》食《じき》されているのを見て、そして言います。

「沙門《しゃもん》よ、わたしらはまず耕して種子《たね》を蒔いた。種子を蒔き終わったから食事をするのである。沙門よ、あなたもまず耕し、そして種子をまくことだ。それで耕し終わり、種を蒔き終わったら、食事をしてもよい」

「バラモンよ、私もまた、まず耕しそして種子を蒔き、耕し終わり、種子を蒔き終わったので食事とするのである」。釈尊はこう言われます。

バラモンは「そう言うが、わしらにはお前の軛も、犂も、犂頭《すきがしら》も、突刺《つっぱり》も何一つ見えぬではないか」と押し返します。

釈尊は答えます。

「信仰は種子で、自責は雨、反省はわが軛と犂であり、謙虚は犂の柄《え》で、意《こころ》はしばる縄、深心《じんしん》は犂の頭と突刺である。私は身を慎み、言葉を慎み、飲食においてその埒《らち》を越えない。私はすっかり妄想の雑草を刈り除いた。そして耕した平坦《たいら》な心は、私にとって自由な解放《ときはなち》である。

精勤《つとめ》は、涅槃《さとり》に導く私の飼牛である。涅槃は一度至りおわると、いかなる悲しみもない、かしこにゆきて、また帰り来たることもない。

わが耕しはこのようである、それによって結ぶところの果実《みのり》は不死である。人はこの耕しをなし終わって、一切の苦痛から解脱《ときほぐ》されるのである」

そこで農耕者バラモンは、初めて黄金の鉢に乳粥をもって、釈尊に奉って、言いました。

「尊者ゴータマよ、乳粥をお召し上がり下さい。尊者は農耕者です。そのわけは、不死の実りをみのるような耕しをなされたからです」と。

仏陀の教えのいちばんの根本は、「心を正す」ということにあります。心の中に生い茂る雑草のごとき煩悩《ぼんのう》を、完全にすべて刈り取ることは、普通の人間にはできません。だから釈尊は、最も尊い耕作者であったのです。そして仏陀は、心を耕し、正しく整えることが、どれほど尊いものであるかを、数十年にわたって説いたのでした。

宗教を否定する政治は、国民を〝機械〟にする

政治は、宗教と明確に分離すべきだという方もいるでしょう。しかし、北朝鮮や中国共産党がなぜここまで非人間的なことができるのかといえば、宗教がないからです。神を恐れない政治家は、独裁者として際限のない悪を存分に犯すことができます。

権力者が、本当に神仏を信じ、「国民に仏性あり、神性あり」ということを信じているならば、そのようにはなりません。しかし、唯物論的なものの考え方、すなわち、「この世だけがすべての世界だ」という考え方を持っているならば、権力者は最高の権力を求め、その結果、人々は〝機械の一部〟として扱われるようになっ

ていきます。

つまり、国民は、権力者のために奉仕する〝機械〟としてのみ存在を許され、そうでない場合には、弾圧され、粛清され、殺されることになるわけです。

この意味で、人々を導く立場である政治家は、宗教心というものをことのほか大事にしなければなりません。

日々、自身の心を振り返って、心を磨いていく政治家が数多く出現することで、これまでの政治を浄化できるでしょう。

唯物論をもとにした政治思想に対して、幸福実現党が敢然と立ち上がり、宗教心を大事にする姿勢を明確に打ち出しているのは、こうした理由によるのです。

3．日本全体が強制収容所に近づいている

「見送り」よりも「減税」へ――消費税は五パーセントに引き下げよ

北朝鮮や中国で現実に起きている不幸は、事例としては極端過ぎて、日本人にとって関係ないと思われるかもしれません。

しかし、私たちは、日本の現状も、決して楽観視できない状況にあると考えています。

例えば、消費税の増税です。

すでに二〇一四年四月に五パーセントから八パーセントに増税されていますが、

次は一〇パーセントに上げようとしています。安倍政権がそれを一年半先延ばししようとしていますが、その間、景気が良くならないだろうかという偶然待ちです。国民が増税を受け入れざるを得なくなっているのは、それが社会保障につながると信じ込まされているからです。つまり、増税した分を年金の財源にすれば、年金制度が破綻することはない。したがって、これからも安心して国が老後の面倒を見てくれるだろう、というわけです。

しかし、この考え方を、簡単には信じることはできません。今、国民の社会保障の負担は非常に大きくなっています。年金や医療費など高齢者向けの社会保障給付費は、六五歳以上人口あたり年一五三万円かかると言われています（二〇一〇年）。つまり、政府を通して両親二人の面倒を見てもらうと、五〇〇万円以上かかることになります。

現実問題として、自分の両親を養うのに年五〇〇万円以上かけられる人がどれぐらいいるでしょうか。平均給与が年四〇九万円であることを考えると、日本の社会保障制度は成り立たないことが容易に分かります。

そもそも、政府を通さずに、自分で両親の面倒を見るなら、五〇〇万円もかかりません。贅沢をしなければ、一〇〇万円から二〇〇万円でも面倒を見ることができるでしょう。

社会保障をすべて消費税でまかなうとしたら、財政赤字解消分の増税も計算に入れれば、二〇六〇年に七〇パーセントの税率が必要だという試算もあります。「年金を守ります」という言葉をそのまま信じて、うかつに消費増税に賛成してしまうと、八パーセントや一〇パーセントどころではなく、その何倍もの税金を取られてしまうことになりかねないのです。

これは、国家による一種の〝振り込め詐欺〟です。

「国が老後の面倒を見てくれる」という言い方は優しいのですが、実際に起こることは、一生懸命働いても、お給料の大半を国に召し上げられ、自分で自由に使えるお金はほんのわずかということになります。ある意味で、強制収容所と変わらない生活に近づいていくということです。

増税などもってのほかであり、むしろ、もとの五パーセントに引き下げるべきです。自由を守るためにも、不況を深刻化させないためにも、経済を活性化させるためにも、早急に消費税は引き下げなければなりません。かえって、その方が、経済成長によって税収が自然に増えていくはずです。

年金制度は国民を幸せにしたのか

仮に年金制度が維持されたとしても、国民が幸福になるかどうかについては、疑問がないわけではありません。

先般、福島に行った時に、公園のベンチに座っていたら、向かいのアパートから携帯電話を手に、よろけながら走ってくる人がいました。何事かと思ったら、八〇代ぐらいの女性で、大腸がんの手術を受けて退院したばかりで、朝から具合が悪くなり、何度も部屋で転んでしまった。病院に電話しようと思ったら携帯電話が使えない。そこでパニックになり、私に「救急車を呼んで」と言うのです。

見ると、携帯電話はメールのボタンが押されていただけでした。ボタンを切り替えてあげると、病院に行きたいと言われるので、タクシーを呼んで病院に送り届けてもらいました。

お礼ということなのか、女性は、タクシーの窓から、折りたたんだ一〇〇〇円札を投げてきました（近所の方にお返しに行ってもらいましたが）。

つまり、タクシーに乗るお金も、お礼をするお金も持っているのです。しかし、こういう時に頼みの綱になるはずの家族はいません。年金暮らしでとりあえず生活には困らなくても、果たして幸せなのだろうかと思わず考え込みました。

年金制度の拡充は、子供が地方に残って両親の面倒を見なくてもよくなるという面があるため、子供たちが親元を離れて都会に出てしまい、その結果、独り暮らしの老人が増える原因の一つになっています。事実上、〝家族の解体〟を促している面があるわけです。

この意味からも、何十パーセントもの消費税を払ってまで、年金制度を維持すべきかどうかは、慎重に考える必要があるように思います。先ほど述べたように、政府を通さずに、自分で親の面倒を見たほうが、統計的に見るかぎり、結局、負担は軽く済むわけですから。

しかも、増税は、消費税だけではありません。二〇一五年度から所得税も最高税率が四五パーセントに上がります。住民税を入れると五五パーセントです。

お金持ちほど税率を上げる「累進課税」を強化するのです。

相続税も同様です。課税対象のうち六億円を超える部分について新たに五五パーセントの課税が新設されます。相続税は、稼いだお金だけでなく、宅地や建物も課税対象となります。したがって、年収がさほど高くなくても、先祖代々の土地があれば、税金を払わなくてはなりません。収入が少なければ、土地や建物を売って税金を払うことになります。まともに税金を払ってしまうと、三代も経たないうちに、全財産を国に召し上げられることになります。

これは、実質的に私有財産を維持できないことを意味します。考えてみると、実に恐ろしい仕組みです。しかも、これから生まれてくる人は、生まれながらにして年金などの社会保障の負担で億単位の借金を背負っているようなものです。まさに「強制収容所で生まれて」ということになりかねないのです。

『共産党宣言』を実行している日本の政治

これまでの話をもう一度整理してみましょう。

私有財産の廃止
家族の廃止
土地所有の収奪

強度の累進税
相続権の廃止

いずれも、日本で静かに進んでいる政策ですが、実はこれらの言葉は、マルクスとエンゲルスによる『共産党宣言』に載っています。

マルクス主義、共産主義、プロレタリアの団結、社会主義――。もちろんこんな言葉は使っていません。しかし、実際には、『共産党宣言』の内容です。

これは、本書の冒頭で述べてきたように、北朝鮮や中国に現実に存在する〝地上の地獄〟へとつながっている道です。

だからこそ、私たちは今、この日本において、「マルクスの『共産党宣言』を永遠に葬り去りたい」と考えて、「幸福実現党宣言」を打ち出しているわけです。

4. 政治家に必要な人間観とは何か

〝この世限り〟の幸福の限界

北朝鮮では、強制収容所に生まれて日常的に虐待や拷問を受けている人がいる。中国では、漢民族ではないというだけの理由で弾圧を受ける人がいる。日本でも、汗水流して働いて稼いだ収入の大半を取られることになる。

こんな現実を見ると、一体、「人間は何のために生まれてくるのか」「人間とはそもそもどういう存在なのか」ということを考えざるを得なくなります。

どういう人間観を持っているかによって、「幸福とは何か」の定義は変わってきますし、国民を幸福にするための政策が変わってくるからです。

大川総裁の『幸福実現党宣言』には、「人間は魂を持った精神的存在である」と考えるか、「人間をロボットのような機械」と見なすかによって、幸福の考え方が変わってくるという趣旨のことが述べられています。

神もなく、あの世もなく、人間はロボットのような存在だと考えると、この世の幸福だけを求めることになります。生きていることが大事で、老いないことが大事で、病気をしないことが大事で、死なないことが大事という、肉体的な幸福を追い求めたり、金銭や地位や名誉といった世俗的な幸福を追い求めたりすることになります。そういう人間観の中で、人々を幸福にしたいと願っても、「善意で舗装された道は地獄へと続いている」という警句の通りになってしまいます。

年金などの社会保障の充実はその象徴です。消費税を七割も取られ、所得税や相続税で収入や資産の半分以上を取られ、それで老後が安心になったとしても、それはいわば〝奴隷の幸福〟に過ぎません。

脳死臓器移植もそうです。大半の方は善意で進めようとしているのだと思いますが、人を助けるためとはいえ、心臓が動き、髪も爪も伸びる脳死者を〝モノ〟と考えて臓器を取ってしまうという発想は、やはり恐ろしいものがあります。

いずれも、「生老病死」の苦しみから逃れて幸福になろうとする政策だと言えますが、そもそも「生老病死」の苦しみからは逃れることができないということは、釈尊がすでに二五〇〇年も前に指摘していることです。

政治家が目指すべき本当の幸福とは

私たちはやはり、「人間は魂を持った精神的存在である」と考えるところから、本当の幸福は始まると思います。

幸福の定義にはさまざまなものがあります。

例えば、幸福の科学では、大川総裁が「真の幸福」には三つの段階があるとして、

①「霊的人生観を持つ」②「他の人に愛を与えて生きる」③「後世への最大遺物を遺す」ということも指摘しています。

こういう幸福を得た時、人間の魂は喜びを感じます。大川総裁の『永遠の法』では、魂が喜びを感じる時を二つ挙げています。

一つは、**「自分が向上したと感じるとき」**です。他人に喜ばれたり、人のお役に立ったと感じる時です。

もう一つは、**「新たな知識を獲得したとき」**です。新たな発見をして、何か学びを得た時、自分の持つ世界観が広がっていく時、何とも言えない喜びを感じるものです。

こういう意味での幸福を求めていくことが、人類全体の幸福を実現するためにも必要ではないでしょうか。

例えば、韓国の朴槿惠《パククネ》大統領は、「千年経っても日本を恨む」という趣旨の発言をしています。要するに、永遠に日本とは仲良くしないと言っているわけですが、とても幸福な人の発言には聞こえません。実際、韓国の人も、日本の人も、決して幸福にしない考え方でしょう。

一方で、南アフリカの故・マンデラ元大統領は、激しい人種差別に対して反対運動に取り組み、二七年もの獄中生活を送った方ですが、「生まれた時から、肌の色や育ち、宗教で他人を憎む人などいない。人は憎むことを学ぶのだ。もし憎しみを学べるのなら、愛を教えることもできる」と述べています。

正反対と言っていいほど人間観が違っています。どちらの大統領が、人類をより幸福に近づけるでしょうか。

私たちが考えるユートピア

「自分さえよければいい」「自国さえよくなればいい」という偏狭な考え方ではなく、言葉や肌の色や宗教、政治体制が異なっていても、人類は一つになれるのだと考えることが、その国のみならず、世界を幸福にする道だと思います。それが私たちの考えるユートピアに向けた政治運動なのです。

大川総裁の『ユートピア価値革命』には、次のようにあります。

みなさんは一人ひとりの個人でありながら、みなさんには、個人ではない面があります。肉体の目には、それぞれの人間が、ばらばらに見えるかもしれませんが、一段高い観点から見たならば、みなさん一人ひとりは、つながっているように見えるのです。みなさんは、どこか深い深い精神の底において、一なるものにつながっているわけです。

したがって、みなさんは、「個性あるものである」という理由のみに基づいて、他の人々に何らの感謝も還元もしないような生き方をしてよいはずはないのです。自分が現にここにあることの意味は、個人を超えたものへ、よりよきものを残さんと努力することにあるのではないでしょうか。

みなさんのなかで、どれほどの数の人が、自分のためだけではなく、自分を超えたもののために、生きようと考えているでしょうか。自分を超えたもののために、自分の外にあるもののために生きようと考えているでしょうか。そのような気持ちが、ふつふつと湧いてくるでしょうか。どうでしょうか。

もし、「自分の外なるもの、自分を超えたものに対して、何らかの貢献をしたい」という気持ちが起きてこないのならば、その人には少なくともユートピアを語る資格がないのです。

ユートピアの原点は、個人を超えたものへの熱き情熱です。自分という個を超えたものに対して、この世界に対して、何かをなそうとする心です。この、ほとばしりです。熱意です。これがユートピアへの運動となっていくのです。

『ユートピア価値革命』46〜47ページ

私は、こうした考え方こそが、これからの政治家に求められる世界観であり、価値観であると思います。でなければ、外交などできないはずです。現実の外交には、国同士の国益を巡るパワーゲームや駆け引きがつきものです。しかし、世界に幸福を実現しようという共通認識が互いにあってこそ、駆け引きも実りあるものになります。

これは単なる理想論ではありません。マンデラ元大統領やリンカーンが人々の尊敬を集めているのは、彼らが「自分の外なるもの、自分を超えたものに対して、何らかの貢献をしたい」という考え方を持っていたからにほかなりません。

人間は魂を持つ精神的存在と考え、世界の幸福を願う政治家が現実にいます。そして、大きな仕事を成し遂げているのです。

私たちも、彼らに続いて、日本や世界をいっそう幸福にしていきたいと考えています。

「霊」を信じていない政治家の慰霊は単なるパフォーマンスに過ぎない

政治家に必要な人間観を考えるにあたって、「あの世を信じているかどうか」ということがいかに大事かということを、もう一度念押ししたいと思います。「あの世を信じる」と言うと、現代の日本では何か特殊な思想のように感じる人もいるかもしれませんが、政治家の資質を考える上で、極めて大事なバロメーターとなるものです。

例えば、靖国神社の参拝問題があります。マスコミは、靖国に参拝したかどうかを報道しています。しかし、実際に「英霊が存在する」と思って参拝している政治家がどれだけいるのでしょうか。明治維新以来、国のために命を捧げた人たちの霊が、そこにいると信じて参拝しているのでしょうか。「靖国で会おう」と言って、先の大戦で散っていった若者の霊が今、私たちを見ているると信じているのでしょうか。

もし、霊の存在を信じていないのに、慰霊をしているとしたら、単なるパフォーマンスということになり、そこにはウソがあることになります。

私は、八月一五日や一〇月の秋の例大祭には、靖国神社で昇殿参拝をしています。本殿に入ると立派な大鏡があり、明治天皇の御製《ぎょせい》が掲げられ、お参りをさせていただきます。その時に、劉暁波氏ではありませんが、戦争で散った英霊たちが見ているのを感じます。

政治家の守護霊の霊言を公開する意味

幸福の科学では、数多くの霊言を本にして出版しています。実際に、霊が存在するということを、一人でも多くの人に知っていただくためです。

霊言の中には、現役の首相や大臣など、政治家の守護霊を呼んで収録したものも多数含まれます。

守護霊とは、その人の潜在意識であり、いわば〝本音〟の部分が現れることになります。つまり、その人の本性が出てくるのです。

したがって、もしある政治家がウソをついていれば、守護霊の霊言によってそのウソが剥がされることになります。いわば、真実を映し出す鏡を、本人に差し出すようなものです。

確かにそれは衝撃でしょう。認めたくないこともあるでしょう。それは私も一緒です。私自身も、守護霊の霊言が収録され、書籍化されて公開されています（『釈量子の守護霊霊言』）。私にとって恥ずかしいこと、都合の悪いこともすべて書いてあります。しかし、〝これほどありがたいもの〟もないのです。悟りとは、「自分を知る」ということです。自分がどんな人間かが分かるのです。言葉にならない思いが分かれば、悪しき思いも浮かび上がります。プライドを捨て、正直に自分の欠点を受け入れて反省できたなら、心は一段と進化したといえます。

霊言は好奇心による露悪趣味でやっているわけではありません。あくまでも、政治家やジャーナリスト、学者など、国民の幸福に大きな影響を及ぼし得る立場にある公人に関して行っているものです。また、「万機公論に決すべし」ではありませんが、〝透明化〟することで「真実とは何か」、「真理とは何か」を探究しているのです。

その人の本心を明らかにする霊言の公開は、非常に厳しいものではありますが、宗教としては修行の本質として当然のことです。釈尊の「耕作者のたとえ」でも述べたように、毎日、毎日、自分が何を考えているかを突きつけられて生きているのが宗教家です。また、「いつ、心を覗かれても構わない」というぐらいの透明性が政治家には求められるというのが、私たちのスタンスなのです。

日本で「ウソがない政治」を実現するために

最近公開した「公人」たちの守護霊霊言

『安倍総理守護霊の弁明』

大川隆法著　幸福の科学出版

『スピリチュアル・エキスパートによる文部科学大臣の「大学設置審査」検証（上・下）』

里村英一／綾織次郎 編　幸福の科学出版

『副総理・財務大臣 麻生太郎の守護霊インタビュー』

大川隆法著　幸福の科学出版

『誰もが知りたい 菅義偉官房長官の本音』

大川隆法著　幸福実現党刊

『釈量子の守護霊霊言』

大川隆法著　幸福実現党刊

私たちが目指したい政治は、「ウソがない政治」です。今の日本は、あまりにも多くのウソがあります。

日本国憲法自体が、正式な手続きを経て制定されたものではなく、占領軍に押し付けられた憲法です。自衛隊も、軍隊ではないという建前ですが、「白馬は馬にあらず」でどうにもなりません。沖縄の米軍基地問題にしても、原発の再稼動問題にしても、マスコミの顔色をうかがって本心を隠している政治家がたくさんいます。軍隊や原発がなければ、国家の安全保障が成り立たないことは、心ある政治家であれば理解できるはずです。また、「年金は百年安心」と言ったり、財政赤字の危機を煽るのも、多くのウソが混じっています。

政治のウソは、中国共産党の常套手段ですから、この意味でも、日本は静かに共産化している部分があるといえます。

実は、ウソについては、私自身、小学二年生の時に忘れられない経験をしています。

ある月曜日の朝、週末に持ち帰った上履きを家に置き忘れてきたことに気づきました。友達の下駄箱を見たら二つあったので、勝手に一つ借りたのです。ところが、それを伝える間もなく、廊下から「上履きが盗まれた！」と、騒ぎ声が教室に聞こえてきました。急遽、ホームルームの時間にクラス全員で盗まれた上履きを探すという状況になりましたが、私は、本当のことが言えなくて適当なウソをついて誤魔化してしまったのです。その後、何度か先生に打ち明けようとしたものの、忙しいからと後回しにされ、言えずじまいで「数年」経ってしまいました。

ところが、小学三年生になった時、何かのはずみで事が発覚したのです。親にも本当のことが言えずにいた苦しさに加え、先生の平手打ちと家庭訪問が追い討ちをかけます。夜、母が泣く前で、父は私に正座させてこう諭しました。

「一つのウソをついたら、次もまたウソを言わなくてはいけなくなるんだ。ウソは次のウソになる。ウソをつくと、延々と上塗りをしなくてはならなくなる」

その後、父親に連れられて相手の子の家に謝罪に行きました。子供心にも、「ウソ」の恐ろしさを、身を持って叩き込まれたのです。

そもそも、私が幸福の科学の信仰に目覚めるきっかけになったのも、大学生の時に幸福の科学に入会した友人から、「人間が思ったこと、行ったことは、心のなかの〝想念帯〟（注）にすべて記録される。死後それにもとづいて、天国と地獄に分けられる」という話を聞いたことがきっかけでした。たとえ、人にバレなかったとしても、ウソをついたり、心のなかでよくないことを考えたら、神様や仏様に見通されているのだという教えは、至極合理的で、当然のことであると思いました。と同時に、そうでなくてはこの世のなかは不公平すぎると、深く納得したのです。それから、大川総裁の教えのもとで、心を磨く修行をするために、幸福の科学に入会したのです。

ところが、政治活動を始めてみて驚いたのは、「本音」と「建前」を上手に使い分けて、上手にウソをつくのが政治の世界であり、知恵なのだという考え方が常識になっていることです。

「政治とはそういうものだから」と多くの人に言われますし、「幸福実現党は正直すぎる」と叱られることもあります。しかし、私たちは、政治の世界に適応するために、表と裏を使い分ける術を身につけるのではなく、あくまでも真っ正直に生きていき、むしろ政界の浄化を図りたいと思うのです。

吉田松陰先生は「誠《まこと》」ということを言いました。やはり、これが政治の原点であるべきではないでしょうか。

今、日本に必要なのは「ウソのない政治」「正直な政治」です。ウソのない人間であることが、政治家の条件であり、公人の条件です。だからこそ、日々、心のなかの雑草を取り除く修行を行っている宗教政治家が必要とされているのです。

（注）人間の心のなかにある記録保存領域で、それまで心のなかに思ったことや行ったことがすべて記録されている。

第二章

自由と革命

日本の見えざる危機を救うには

1. 革命とは何か

神を信じない者が起こした革命の行く末

第一章では、日本が今なおマルクス主義の思想の影響を受けて、知らないうちに国民が〝強制収容所〟に入れられようとしていることを指摘しました。

そこで私たちは、マルクスが考えた「共産主義革命」に対して、「幸福実現革命」「幸福維新」を起こそうとしているのです。

この「革命」や「維新」という言葉は、さまざまな誤解や考え方がありますので、第二章では、まず、「革命」の考え方について整理してみたいと思います。

個人的な話ですが、「革命」との出会いは、小学五年生の頃に聴いたショパンのピアノ曲「革命」でした。父親が近所のレコード店で買った「ピアノ名曲集」に収録されていた「革命」の衝撃は凄まじく、私の小学生ライフは一変しました。この練習曲は一八三一年、演奏旅行中だったショパンが、ロシア侵攻に対する故国ポーランドの一一月革命が失敗、故郷ワルシャワが陥落したとの知らせを受けて作曲しました。「革命」は、友人のフランツ・リストによる命名といいます。

当時、流行っていたピンクレディーでもビートルズでもなく、毎日ショパンに夢中になりました。音楽とは、人生とは、こういうものなのかと何か思うものがありました。当時、CDではなくカセットテープだったため、繰り返し聴くうちに擦り切れてしまい、セロハンテープで繋いでA面とB面をひっくり返しながら、際限なく聴き込みました。演奏の方は私の腕前では歯が立ちませんでしたが。

しかし一般的には、「革命」といえば、「フランス革命」を思い浮かべる人が多いかもしれません。「自由・平等・博愛」という理念を謳《うた》ったこともあり、世界の近代化を促した素晴らしい革命であったと考える人も多いようです。

では、実際はどうだったのでしょうか。保守主義の父と呼ばれるイギリスの思想家エドマンド・バークは、フランス革命について「支離滅裂なヒステリー」と痛烈な批判を加えています。実際、革命初期においては、国王自身も革命を支持し、革命指導者たちも、国王に対しては敬意溢れる態度を示すなど、穏やかに立憲君主制へ移行していくと期待した人も多かったと言われます。しかし、他国との戦争などの影響もあり、やがて旧体制（アンシャン・レジーム）の王族や富裕層に対する憎悪に転じ、夥《おびただ》しい数の人たちが断頭台に送られていきました。悪名高いギロチンも、もとはギヨタンという医師でもあった国会議員が、「法の前の平等」の一環として、議会に導入を提案したのが始まりとされます。八つ裂きの刑などの残酷な処刑方法に対して、迅速で無痛の人道主義的処刑方法として――。ただ、そのあとに来た恐怖政治の中で、ギロチンは〝フル稼働〟しました。

このような粛清型の革命スタイルは、ロシア革命や毛沢東の革命にも引き継がれていきます。ロシア革命を「第二フランス革命」と呼ぶ学者もいますし、現に、旧ソ連や中国では、フランス革命以上に、大量の虐殺や粛清が行われました。その背景にあるのが、ルソーの理性主義、そしてマルクスの唯物論といった思想です。

ルソーの思想に、「一般意志」という概念があります。神の意志を確認できないなら、代わりに国民全員で社会契約を結んで、合意された意志を「一般意志」として従うのがよいだろうという考え方です。

『社会契約論』第二編第三章の冒頭には、こう書かれています。

「一般意志はつねに正しく、つねに公益を目指すことになる。ただし人民の決議がつねに同じように公正であるわけではない。人はつねに自分の幸福を望むものだが、何が幸福であるかをいつも理解しているわけではない」

フランス革命のなかで独裁権を握るようになったロベスピエールは、「ルソーの血塗られた手」とあだ名されました。彼の恐怖政治の下で、王妃マリー・アントワネットが処刑され、非キリスト教運動が展開され、「理性」が崇拝の対象となりました。

一七九四年、テュイルリー宮殿で開催された「最高存在の祭典」は、「もし神が存在しないなら、それを発明する必要がある」というロベスピエールの言葉が象徴するように、理性主義の成れの果てと言えますが、この祭典も、ルソーの「市民宗教」の思想がそのもとにあったとされます。

ルソー自身は無神論者ではなく、悪意があったわけではないと思いますが、結果的にその思想は、宗教を否定する流れをつくり、さらに、暴力を伴う革命や政治体制を生み出していきました。自分こそ「一般意志」の体現者であると慢心した独裁者たちが、ルソーの思想を使って恐怖政治を敷いていったわけです。恐怖政治の中、熱狂に浮かされた人々の「一般意志」が、神の似姿のように立ち現れてくると、フランス革命の阿鼻叫喚《あびきょうかん》の地獄絵図のようになることがあるわけです。思想の責任は極めて大きいという歴史の大いなる教訓です。

そして現代の日本でも、この「一般意志」が、「マスコミ」や「憲法」に姿を変えて、「神」の代わりを果たしていると言えるでしょう。

「銃口から革命が起きる」と言った毛沢東

毛沢東の中国革命も、神を信じないと、人は残虐になっていくという実証例です。一九四九年に「銃口から革命が起こる」と言った毛沢東によって建国された中華人民共和国は「遅れた貧乏国」でした。しかし毛沢東は「米国に侮られない国にする」ことを目標に、核開発にすべてを注ぎ込みました。

それに伴い、切り棄てられた人民のために実施されたのが、悪名高い「大躍進政策（一九五七〜六〇年）」です。この大増産活動は虚偽報告などで生産性が低下し、大失敗に終わりました。しかし核は完成して、現在、日本の主要都市すべてに照準を合わせています。毛沢東が、ソ連のフルシチョフに「中国には六億人の人口があるから、核攻撃で半分死んでも、三億人が生き残り、しばらく経てばまた六億に戻る」と言ったのは有名です。ゆくゆくは、米軍の第七艦隊が、台湾や日本の防衛に動こうとしても、中国政府は、核の恫喝によって日米同盟を無に帰そうとするでしょう。

そして、毛沢東は「過ぎ去った時代の人物」ではありません。改革開放路線で、西洋社会と手をつなぐように見えた鄧小平は、毛沢東の戦略を踏襲したに過ぎません。毛沢東が核兵器開発に国家の総力を投入して専念した結果、八〇年代中葉の「百万人の兵力削減」に踏み切り戦力の現代化を可能にし、経済力によって年々増加する軍事費を確保することができるようになったわけです。頻繁に実施される大規模軍事演習、ソ連からの先進兵器の購入、通常戦力の近代化、海洋進出、宇宙開発の進展等々、今日まで続く中国の軍事力の背景には、毛沢東の核を軸にした国防発展戦略が後ろ盾となった、軍民一体の経済があるのです。

その中国では、暴力的な政治体制が今なお続いています。

第一章でも紹介した国際ウイグル人権民主財団日本全権代表のトゥール・ムハメットさんが、最近、新疆ウイグル自治区で収監されていた男性から、苛烈な拷問の実態を聴いたそうです。この男性は、自宅で七〜一二歳の子供たちに『コーラン』を教えていたという理由で、中国の刑務所に計一三年間も収監されていたというムスリムのリーダーです。

中国の刑務所はまさに〝生き地獄〟という表現がふさわしいもので、この男性の信仰を破壊するために、天井からつながった首輪を犬のようにはめられたまま一週間水に漬けられるという「水牢」に入れたのです。体中の皮膚がふやけ、水から出された後は全身を包帯で巻かれ、その後、巻いた包帯をまた引き剥がしたそうです。つまり、生皮を剥ぐ拷問です。「神がいないから、あなたは救われないんだ」と脅されたそうです。

同じ人間が、なぜここまで残酷になれるのでしょう。なぜ悪魔のような所業を公的に行うような国がなぜ存在するのでしょう。それはこれまで見てきたように、神や宗教を否定する政治体制だからです。こうした国には、人々を指導し、まとめる思想がないので、暴力と粛清、拷問と強制収容所がどうしても必要になるのです。

繰り返しになりますが、結局、唯物論というのは、独裁者や権力者に罪の意識を感じさせない思想であり、フランス革命、ロシア革命、中国革命と、神を信じない人間の起こした革命は、際限のない不幸を拡大再生産していくのです。

日本は、一見、そうした恐怖政治のような阿鼻叫喚の出現は見られません。しかし、第一章で見たように、日本経済は明らかにマルクス主義の影響を強く受けています。累進課税や相続税などを見ても、「ブルジョワジー」たる富裕層にとって、〝身ぐるみ剥ぐ〟ような税制になりつつあります。「世界で最も成功した社会主義国は日本」とする識者もいます。もちろん日本が国家として社会主義を標榜したことはありませんが、「自由民主」という名の「社会主義」が、大きな政府を志向して突き進んでいることは確かです。民間においても、テレビドラマ「半沢直樹」に見られるように、巨大な権力に自由を阻まれていることに、鬱屈した思いを持つ民間人は潜在的にたくさん存在していることでしょう。

中国がいちばん恐れているものは何か

「釈さん、中国がいちばん恐れているものは何だと思いますか?」

今年、中国人の友人からこんな質問を投げかけられました。しばらく考え込む私に、友人は言いました。

「宗教ですよ」

中国の歴史は、常に宗教勢力によって転覆させられてきました。黄巾族や白蓮教徒の乱など、宗教勢力による革命を恐れているのです。

そしていよいよ、二〇一四年一一月、習近平指導部は、中国共産党員の宗教禁止を徹底しました。「共産党員は宗教を信仰してはならない」という原則を振りかざし、宗教を信仰する党員を全国で精査する見通しです。これはキリスト教やイスラム教などの信者が増えて党中央の求心力が弱まっていることや、少数民族や貧困層が宗教によって力を与えられることを恐れているのでしょう。

また、中国国内のキリスト教の教会が取り壊されるなどの事態が相次いでいるという報道もあります。

信仰は国境を超えます。また中国の洗脳を越え、命を懸けるのが、信仰者なのだということも、分かっているのでしょう。

「革命」とは「自由の創設」のこと

私が最も訴えたいことは、これまでの「革命思想」を過去のものにしなくてはならないということです。そして、フランス革命、共産主義革命とは対極に立つ、人間を幸福に導く革命思想を持つ必要があるということです。

ハンナ・アーレントは、ナチスの迫害から逃れ、アメリカに移住した女性政治哲学者です。彼女は、ヒトラーの全体主義を見抜き、これにどう立ち向かうべきかを考えました。

そして、圧政や暴政に対して民衆などが蜂起するようなものは「反乱」であって「革命」ではないと言い切り、「革命」とは「自由の創設」なのだと指摘したのです。ハンナ・アーレントの革命論について、大川総裁は、次のように解説しています。

彼女は、政治の最高の理想を、「自由の創設」というところに置いたわけです。

では、自由を創設するためにどうすべきであるかというと、彼女は、その理想を古代ギリシャのポリス社会に求めています。

都市国家《ポリス》といっても、当時は、人口が少なかったこともあり、現代で言えば町に毛が生えたぐらいのレベルであって、そう大きなものではなかったでしょうが、ポリス社会では、住民が、政治に参加させられるのではなく、「自らの意志によって政治に参加し、目に見えない何かをつくり上げよう」としていました。

その「目に見えない何か」とは、人々の自由意志によって形成される「理想の共同体」です。「それが、実は、民主政における理想的な政治形態であるのだ」ということです。

要するに、「政治に参加することによって自由を創設することが、人間としての尊い活動であって、人間はそのなかに幸福を感じるのだ」というわけです。

『政治の理想について』37～38ページ

こうしてみると、フランス革命や共産主義革命は、時代に逆行した「反乱」であって、「自由の創設」でもなければ「政治参加の実現」でもありません。

北朝鮮や中国では、国民の政治参加は実現しておらず、革命の条件を満たしていないどころか、逆に、革命が必要な状況になっていることが分かるでしょう。

なぜこのような思想が生まれたのでしょうか。実は、アーレントの哲学の中心概念には「愛」がありました。彼女は、一九二八年にアウグスチヌスの愛の概念についての論文を書きましたが、哲学の原点に「神の愛」、「世界に対する愛」を持っていたといえます。

時折、私たち幸福実現党の政治活動を、宗教ゆえに「全体主義的」と誤解する方もいますが、大川総裁は大学三年の春休みに研究論文として『ハンナ・アーレントの価値世界について』を執筆されています。二〇歳にしてアーレントの思想に取り組まれたのが、大川総裁の政治哲学の出発点であったことが明かされています。

つまり、幸福実現党の父・大川総裁の政治哲学は、「ナチズムの対極にあるもの」です。また、そうした全体主義がもし立ち現れた時に、何者も恐れず敢然と戦うことができるのも、「神の愛」を知る人々にほかならないでしょう。

もちろんアーレントが憧憬《しょうけい》した古代ギリシャのポリス社会は、今の市や町の大きさしかなく、現代社会とは大きく異なります。互いに顔を合わせて闊達な議論を戦わせたポリス社会と違い、数十億人もの人口を擁《よう》し、インターネットやテレビ討論で世論が動く時代です。古代ギリシャの状況をそのまま当てはめることはできませんが、政治の理想は追い求めていかねばなりません。

人類は今こそ、「革命」という二文字に込められたその意味を、入れ替えなくてはならないのです。革命は「自由の創設」であり、その自由は「神の愛」に裏打ちされているのです。これによって、古い政治的伝統や政治哲学は終わりを迎え、ここからすべてが始まっていくはずです。この思想に触れたら、もうあの血なまぐさい結末を持ち来たらした革命思想に戻ることなどできないのです。

東洋における革命思想とは

東洋の誇る革命思想についても述べてみたいと思います。

東洋的文脈において、「革命」とは、「天命を革《あらた》める」、すなわち「徳を失った王は、天によって革められる」という考え方です。孟子の天命説が原型だと言われています。孟子は中国戦国時代の人で、人間の本性は善であるという「性善説」で知られます。

孟子は、日本では完全に受け入れられたわけではないと言われます。儒教における革命思想は、「易姓《えきせい》革命」です。天命を失った王朝は、別の姓を持つ王朝に変わるという意味ですが、この意味での革命は、実は日本では一度も起きていません。日本の王朝は天皇家ただ一つ、一度も交代していないからです。

しかし、同じ中国の思想家でも、一五世紀の中国明代の王陽明は、中国ではなく、日本において現実に花開いたとはいえ、明治維新の思想的な中軸となって時代を大回転させました。

まず、江戸時代に近江聖人・中江藤樹が、当時全盛だった朱子学に疑問を呈し、陽明学に共鳴して独自の思想を展開し、日本陽明学の祖となりました。そして、幕末期、王陽明の思想は、吉田松陰先生を初めとする志士たち、革命運動家たちの原動力になっていきました。

人を「行動」させずにはいられない王陽明の革命思想

人を「行動」させるというのは、難しいものです。普通は命令か報酬か、あるいは恐怖を与えて動かすかでしょう。「やるべきことは分かっているのに、なぜできないのか」という悩みも、企業人なら誰でも持っているものでしょう。『実行力不全――なぜ知識を行動に活かせないのか』という本によると、アメリカでは、毎年八万人以上のＭＢＡを輩出し、マネジメント研修に六〇〇億ドルをつぎ込んでいるにもかかわらず、知識を行動に活かせないままでいるといいます。知識と行動のギャップをなくすためのマネジメントの研究は進んでいるようで、行動に転化させる思想へのニーズは極めて高いと言えます。

しかし、企業の業績向上レベルの「行動」ではなく、「革命を起こす」レベルの「行動思想」としては、陽明学を唱えた王陽明こそ挙げられます。文明の潮流そのものを変えることができた思想家と言えますが、こういう思想は、数百年に一度、あるいは数千年に一度、出てくるかどうかです。

王陽明の思想は、一人をして一万人を動かす法です。幕末期に三〇〇〇人程度の志士たちが、当時の人口およそ三〇〇〇万人を動かしてしまった。その中核的な教えが、「知行合一《ちこうごういつ》」でした。

『知っている』ことと『行う』ことは一緒なのだ」

この考えは、正しくあろうとする人間には、てきめんの効果をもたらします。

「行動しないということは、結局、分かっていないということだ」

ウソのない人間の良心に、直に触れてくるような鋭さがあるのです。日本で陽明学を修めた人は、非業の死を遂げた人が多くいますが、日本という、蒸留酒のように純粋な国では、思想の過激さが増していったのかもしれません。とりわけ、吉田松陰先生のような「激誠」の人、つまり正真正銘の聖人が陽明学にいったん触れると、まるでアルコールに火が着いたようなとんでもない事態を引き起こすことになるわけです。

さらに「知行合一」は行動原理にとどまらず、霊的覚醒を伴った「悟り」でもありました。

王陽明は、世に言う「龍場の大悟」、つまり神秘体験をしています。ある日、静座して道を求めていると、夢うつつの間に、孟子に教えを請いに行き、「格物致知《かくぶつちち》」についての講義を受ける夢を見たのです。この体験を王陽明は「天の霊によって良知の学を悟った」と述べています。

「格物致知」とは、「物をただすことによって良知に至る」、すなわち「心を正すことによって悟りを得る」ということ。自他の区別なく、大宇宙とも一体となり、生死を超越したのです。

『新約聖書』マタイ伝に、「情欲を抱きながら女性を見たら、それは姦淫したのと同じである」という教えがありますが、このように、仏陀やイエス、ソクラテスといった世界教師たちは、「知」と「行」を分裂させたままにはしませんでした。心のなかで思ったことは、行動したのと同じなのです。だから心を磨き、不純なものが混じっていないかどうかを点検し、自分の心を深く見つめていくことを説いたのです。

王陽明は、予知能力もあったようです。会稽山《かいけいざん》の修行場・陽明洞で瞑想中に、友人四人が訪ねて来ることを予見し、下僕に迎えに行かせ、その通りの道で出会うことができました。驚いた友人たちがどんな方法で予知したのかと聞くと、王陽明は笑って「心を清くするだけである」と答えたといいます。

王陽明は、人類に霊的進化を促す人物であったことは確かです。

陽明学は、単なる実践学ではなく、「悟りからの革命」を起こす思想でした。聖人として人間完成の道を目指しつつ、認識の革命によって日本を変えたのです。

2. 自由を喪失した日本

本来の「維新」の精神とは何か

「革命」や「維新」という言葉は、世に溢れていますが、今、申し上げてきたような意味での革命は、今の政治の世界には、残念ながら見当たらないように思います。

ちなみに、「維新」という言葉は、『詩経』という中国の五経の一つにある、「周は旧邦なりといえども、その命維《こ》れ新たなり」から来ています。周という古代中国の国は、その前の王朝の殷《いん》という国の紂王《ちゅうおう》が暴虐非道なことをしたので、武王によって討たれて周を建国したという故事から来ている言葉です。

国民を不幸にする古い制度を新たにすることが「維新」の意味です。実際に、明治維新は、士農工商の四つの身分制度を四民平等に改めました。まさに「維新」です。しかも幕府が倒れても、一五代将軍は新政府の名誉職につき、江戸城を明け渡した勝海舟は七七歳まで長生きしました。歴史上、まれにみる奇跡の無血革命は、「自由の創設」の手本として世界に誇るものです。

マルクスの「共産党宣言」の正反対のものを目指す「幸福実現革命」

では、私たちがやろうとしている革命や維新とは、どのようなものでしょうか。立党趣旨が宣言された大川総裁の『幸福実現党宣言』には、こうあります。

本書には「幸福実現党宣言」という題を付けましたが、一八四八年にマルクスが出した『共産党宣言』の向こうを張ったつもりです。『共産党宣言』のために、そのあと人類は百五十年以上も苦しんだのです。

結局、唯物論国家をつくる文明実験をされてしまったので、こちらは、「幸福実現党宣言」において、その正反対のものを目指したいのです。

「幸福実現党宣言」は、「神仏の存在を認め、正しい仏法真理を信じる人々の力を結集して、地上に、現実的ユートピアを建設する運動を起こす。そして、その政治運動を、日本を起点として起こしつつも、万国の人々にもまた波及させていく。正しい意味での世界同時革命を起こすつもりである」という宣言です。

『幸福実現党宣言』23〜24ページ

「世界同時革命」については、このようにあります。

「日本で、新しいユートピア運動の原型、核になる部分をつくり、全世界同時幸福革命として、幸福維新を起こしたい」というのが私の願いです。

『政治と宗教の大統合』38ページ

つまり、私たちは、世界の未来のために、「あるべき姿」をつくり出さなければならないということです。未来はどうあるべきか。世界の人々がモデルにすべき国家とは、どのようなものか。どのような政治家が未来を創るべきか。

そうした未来のビジョンを明らかに指し示さなければ、世界のリーダーとしての使命を果たしているとは言えません。

近年、二〇一〇年に起きたチュニジアでのジャスミン革命以来、アラブの春と呼ばれる民主化に向けた革命のような運動が起きましたが、その後の経過を見ると、多くの国が軍政に戻ってしまっています。革命というよりは、結局、反乱やクーデターのレベルで終わった感があります。イスラム圏もある意味での全体主義国家になっています。

アメリカも、オバマ大統領は左翼的傾向が強く、少し前の日本の社会主義的なシステムを目指しているようです。

アジアの諸国も、中国の脅威に対抗できる力がなく、日本にリーダーシップを発揮してもらいたいのです。

日本のあるべき姿とは

では、未来の「日本のあるべき姿」はどのようなものでしょうか。

二〇〇九年春に立党した幸福実現党は、その年の夏の衆議院選挙を「国難選挙」と銘打って、全国三三七名の候補者で戦いました。選挙戦最終日、夜の大阪・難波での大川総裁の獅子吼は、多くの人々の記憶に刻まれるものでした。

幸福実現党は、結局のところ、社会主義化していく世界のなかで、また、社会主義に戻っていこうとする、日本の社会、日本のマスコミの報道の流れのなかで、真なる自由を取り戻そうとしています。

真なる自由とは、「信教の自由」であり、「思想・信条の自由」であり、「言論・表現の自由」であり、また、「政治参加の自由」であり、そして、「報道の自由」でもなければならないんです。（中略）

日本には「言論の自由」も「報道の自由」もない。こういう国が中国や北朝鮮に呑み込まれるのは時間の問題ですよ。

だから、もう、報道機関に任せておいてはいけない。

あなたがた一人ひとりが、自由のための革命の志士とならねばなりません。幸福維新の志士とならねばなりません。

本当の自由をこの手にするまで、戦いをやめてはなりません。

自由から繁栄が生まれます。発展が生まれます。そして、あなたがたの幸福が生まれるんです。
いいですか。幸福実現党は、あなたがたの自由を守るための政党です。（中略）
国師・大川隆法、最後に、もう一度、申し上げます。
この国に自由を。「自由の大国」として未来を拓くことを。
これこそ、われらが使命です。
『自由の大国――２００９街頭演説集⑤』81〜83ページ

いつの間にか自由を喪失した日本

日本は北朝鮮や中国のような極端な形での弾圧があるわけではないものの、自由が侵害されています。

例えば、職業選択の自由が、事実上、損われています。

最近、ようやく規制緩和が進みましたが、農家でない人が、農業を志しても数多くの規制があり、参入は困難です。農家に生まれなくては、事実上、農地を所有できません。

政治家も同様です。二世、三世議員ばかりで、実質的に貴族政です。地盤を世襲で引き継がなければ、実質的に選挙に勝つのは困難です。世襲でない場合でも、秘書として仕えた人などが跡を継ぐ形になっています。地盤を引き継がない限り、あるいは、よほどの有名人でない限り、政治には新規参入できないようになっているのです。

政党を立ち上げても、現職の議員が独立して旗揚げする場合がほとんどです。戦後の政党の歴史を見ても、既存の政党が分裂する形で新党ができるケースばかりです。事実上、政治参加の自由がないわけです。

また、教育も、国家管理のもとにあります。民間に開放しなければ、国家の考え方で国民を洗脳することもできます。国家が、国定教科書を定め、試験の基準を設けて、〝自由市場〟を認めない場合には、国家の考え方を国民に押し付けることができるわけです。

笑えない話があります。二〇一三年二月、中国広東省の広州動物園が一五人の飼育員を募集しましたが、その際、「マルクス主義哲学原理の把握」を採用条件の一つに挙げました。ネット上では「動物に餌をやるにもマルクスに感謝しなければならないのか」「動物も共産党員にしようというのか」などと疑問の声が続出したと言います。しかし、これと同じようなことをしているのが日本の学問界です。

新設の大学も自由に創れないのです。新しい学問も創ることが困難です。既存の学会で認められなければ学問上の実績になりませんし、学会での実績がなければ基本的に大学の教員として認められない仕組みになっているからです。さらに恐ろしく煩雑な手続きが必要です。ちなみに、幸福の科学大学において文科省に申請した時の書類は、一度に三学部の新設を申請したこともあって約一万ページにも及びました。もし米国のカリフォルニア州に私立大学を新設するならば、必要な書類は二ページ。その差は五〇〇〇倍です。市場における競争によって、淘汰されればよいからです。日本では、事実上、「学問の自由」が損われていると言えます。

ほかにも、テレビ局や新聞などのマスコミ業界は、実質的に新規参入ができません。地上波の放送局や全国紙が、何十年も入れ替わっていないのを見れば明らかです。

言論の自由と言っても、その砦《とりで》であるはずのマスコミ自身が、旧態依然とした現状維持型の発想をしています。また、朝日新聞の南京大虐殺の報道に見られるように、虚偽の報道をしたり、特定の思想に偏った報道を繰り返したりしています。結局、公正中立な報道というのは、掛け声だけなのが実情です。

銀行や証券会社などの金融業界も多くの規制に縛られていて、かなり自由が制限されています。

もう少し身近な例を出しましょう。

最近、パンに塗るバターの価格がすごく高くなっています。しかも、私の自宅近くのスーパーでは、一人一個しか買えない状態になっています。

なぜ、こんなことになっているかというと、日本の酪農家が減少して生産量が減っていくなかで、一定の量をまず牛乳用に割り当てるために、バター用の生乳が足りなくなって、価格が高騰しているのです。

実は規制を緩和して、自由に輸入をすればいい話なのですが、酪農家を守るという建前で、高い関税をかけています。一方で消費者やパン屋、洋食屋などの負担が重くなっていることには、目が向いていないのです。

ほかに輸入規制のある品目は、コメなどが象徴的ですが、似たような話はたくさんあります。

戦後七〇年近く経ち、いつの間にか、戦後体制のなかで生じた既得権益を守る秩序がさまざまな障壁をつくりあげ、日本の社会を硬直化させているのです。

宗教活動の自由も事実上、制限されている

また、宗教に関して言えば、形式上、信教の自由はあるのですが、実際には唯物論化している日本では、さまざまな制約を受けています。

幸福の科学が政党を創っても、十分な報道はなされませんし、大学を創ろうとしても、教義の内容を理由に不認可にされています。また、信者の学生たちが通う大学の多くでは、学内で伝道行為を禁止しています。

最近、ある大学の学園祭に呼ばれて講演をしました。イスラム教徒のトゥール・ムハメット氏との対談で、ウイグルの話をしたのですが、学園祭の実行委員の学生に「宗教臭がする」などと言われて驚いてしまいました。ムスリムにとっても、私にとっても、信仰は命そのものです。悪気はないのでしょうが、これからの国際社会で、日本の若者たちが、相手の信仰を尊重し、宗教を大切にすることを教わらなければ、日本はやがて経済至上主義に陥って、宗教や国防を軽んじ、結果的に滅ん

でいったカルタゴのようになってしまうことでしょう。

3．大東亜戦争の革命としての意義を見直す

正しい歴史認識を取り戻す

先ほど、明治維新は「自由の創設」を成し遂げたという意味で革命であったという話をしましたが、先の大戦である大東亜戦争についても、その歴史的意義について、少し整理しておきたいと思います（「太平洋戦争」という呼称は、占領軍側の

表現であり、本書では当時の日本側の正式な呼称であった「大東亜戦争」という表現を使います）。

私たちの先祖が営々と築いてきた自国の歴史をどのように解釈するかは、革命を果たす上でも、幸福な社会を創るためにも、非常に大切だと考えるからです。

大東亜戦争には、ネガティブなイメージがつきまとっています。明治維新や日清戦争、日露戦争までの日本の興隆をあれほど誇り高く描いた司馬遼太郎でさえ、先の大戦については、ネガティブにとらえていました。

南京大虐殺や従軍慰安婦問題など、実際にはありもしなかったウソに基づいて、言われなき批判を浴びたことも、大きな理由です。左翼的なジャーナリストが、占領軍や共産圏のプロパガンダに乗って、〝自虐史観〟を広めたことも大きかったと思います。

そして、何よりも戦後、自民党を中心とした政権が、「河野談話」「村山談話」という形で、戦争における侵略行為や従軍慰安婦の問題を政府見解として認めてしまったことも決定的でしょう。

また、戦争に敗北したという重い事実が、「敗軍の将、兵を語らず」という、言い訳を潔しとしない日本の武士道的美徳と相まって、誤った歴史観の流布に歯止めをかけられない理由となっているように思います。

しかし、大東亜戦争を直接経験した世代の方が次第にお亡くなりになっていく中で、真実が歴史の彼方に埋もれてしまう前に、私たちは、正しい歴史認識を取り戻しておく必要があります。これは、「ウソのない政治」を目指す上でも大切なことです。

大東亜戦争の三つの意義

私は、大東亜戦争は、「自由の創設」であったと考えています。その理由を三つ指摘したいと思います。

第一に「防共」です。

第二次世界大戦における英米などの連合国と日独伊の枢軸国との戦いは、俗に「民主主義対全体主義」の対決だったと言われますが、決してそうではありません。確かにヒットラーのナチズムやムッソリーニのファシズムは、全体主義と言えますが、日本は違いますし、もともと、日独伊の協定は、「防共協定」であり、ソ連などの共産圏を広げないための協定だったのです。戦後の米ソの冷戦を予見していた部分が確かにあったわけです。この意味では、英米がソ連と連合を組んだことが本当に正しかったのかどうかの検証が必要なところです。

第二に「植民地解放」です。

日本は、欧米列強の植民地からアジアを解放するための戦いとして、大東亜戦争に臨んでいました。実際に、緒戦において、フィリピン、マレー、シンガポール、ビルマ、インドネシアに進攻し、欧米の植民地支配を打ち破りました。戦後、タイの首相になったククリット・プラモートは、新聞記者時代にこんな記事を書きました。

「日本のおかげで、アジア諸国はすべて独立した。日本というお母さんは、難産して母体をそこなったが、生まれた子どもはすくすくと育っている。今日、東南アジアの諸国民が米・英と対等に話ができるのは、いったい誰のおかげであるのか。それは身を殺して仁をなした日本というお母さんがあったためである。12月8日は、われわれにこの重大な思想を示してくれたお母さんが、一身を賭して重大な決意をされた日である。われわれはこの日を忘れてはならない」（サンヤム・ラット紙）

第三に「人種差別の撤廃」です。

植民地の解放は、別の見方をすれば、白人の有色人種支配の終焉であり、人種差別の撤廃運動でもありました。一九四三年に東京で開かれた大東亜会議では、日本の進撃によって独立を果たしたアジア各国の首脳が一堂に会し、「人種的差別を撤廃」することを共同宣言に盛り込んで採択されています。いわば公民権運動の先駆けでもあったと言えます。

「防共」「植民地解放」「人種差別の撤廃」と、いずれも「自由の創設」を目的とした理想です。

もちろん、大東亜戦争には、日米による国益とプライドをかけた覇権戦争としての側面もあったと思いますし、すべてが理想的で一切の間違いはなかったと強弁するつもりはありません。

しかし、明治維新以来、日本が実現してきた自由の果実を、世界に広げていきたいという気高い理想を持っていたことは間違いありません。この意味で、明治維新と同じく、大東亜戦争にも、革命的な意味があったと思います。

ただし、大東亜戦争については、戦争に負けましたから、その成果は不十分であったことも事実です。しかし、だからといって、すべてを否定するのではなく、大東亜戦争で実現しようとしていた気高い理想の部分については、受け継いでいくべきだと思うのです。

人類はもう後戻りできない

もちろん、ただ、同じことを繰り返そうとしているわけではありません。八紘一《はっこういち》宇《う》や五族協和をスローガンとして唱えようとは思いません。

今、私たちは、新しい思想でもって「自由の創設」をしていきたいと考えています。

新しい思想とは、今、大川総裁が二三〇〇回を超える講演と、一七〇〇冊を超える書籍群によって、一日も休みなく発信している思想の銃弾です。

なかでも最大の真理は、「人間は永遠の生命を持ち、何度も地上に生まれ変わって魂修行をしている存在だ」という教えです。さまざまな国に、さまざまな環境で生まれて魂修行をするのです。誰もが、かつては友人であり、兄弟、親子であったのです。私もこうした人間観を持った時、道行く人すべてがつながっていて、同時代を健気に生きている存在であることを知り、愛おしくなりました。

一人ではないのです。どんな時代も、神は見捨てることはないのです。

そうした人間観をもとに発される「自由」と「愛」の政治哲学を知ったら、人類は、もう後戻りできません。

素晴らしい未来が、この思想の先に見えてくるのです。

肌の色や言語の違いを越えて、人種差別や戦争・紛争を無意味にする思想です。「搾取《さくしゅ》」という言葉で嫉妬の経済学を撒き散らしたマルクス思想を終わらせることができます。

これが私たちの考えている人間観であり、政治哲学であり、革命思想なのです。文明レベルで革命を起こし、本当のユートピアを実現する思想です。

人々の幸福に大きな影響を持つ政治家を〝公人〟として、時折、霊言という形で、その人の本心を調査しているのは、一つには、「その人がどれぐらい神仏に近い心を持っているか」を測るためです。「政《まつりごと》」は、本当に徳ある人物を指導者にしなければばいけません。「正しい心」を持った人を、政治家として要職に就けなければ、この国の国難は終わることはないでしょう。

政治と宗教を完全に切り離したら、日本は「おしまい」です。その責任を、どんな国会議員であろうとも取れるわけがありません。政教分離は近代の原理でしかありません。日本を永続させたければ、宗教を尊敬する気持ちが必要です。

4. 愛と自由——奴隷化する日本を救え

「ベン・ハー」の忘れられないワンシーン

私たちの考える自由について、もう少し別の角度から考えてみようと思います。「ベン・ハー」という映画があります。一九五九年に公開され、アカデミー賞を一一部門で受賞した名作です。

舞台は古代ローマ帝国。主人公のベン・ハーが旧友に裏切られて罪人になってしまいます。奴隷以下の扱いを受け、ある時、護送中に衰弱して地面に倒れ込み、苦しみ喘《あえ》ぐベン・ハーに、「何者」かが近寄り、水を飲ませるのです。ローマの兵隊が止めようとするのですが、「その人」は構わず水を飲ませ、立ち上がります。画面には背中しか映りません。ローマ兵は、「その人」の不思議な威厳に圧倒されて立ち去っていくのです。

わずか数分のシーンです。しかし観ている方は、顔も映らず、水を飲ませる手と背中によって、「その人」がイエス・キリストであることを悟るのです。

なんというお優しさでしょう。人を愛することにおいて、この世の常識を乗り越えることなどまったく意に介していないのです。

私は、このイエスの生き方に、真の自由を見る思いがします。イエスは、何にも縛られず、何にもとらわれず、あらゆるものから自由となり、神を愛し、人を愛したのです。

自由とは「欲望の赴くままに好きなことをやりたい放題にやる」という意味に解することもできるでしょう。しかし「憎い人に暴力をふるう自由」「恨む自由」「悪を犯す自由」は放縦であり、悪魔の自由です。その自由によってイエスは十字架にかけられたのです。

自由の意味は「神の意志」に由来する

「自由」を意味する英語に、「フリーダム」と「リバティ」という言葉があります。近代政治の発展は、「公権力からの自由」の獲得と、軌を一にしています。憲法上の、集会や結社、言論、出版、表現の自由などは、すべて「国家による一元支配からの自由」です。これは「フリーダム」としての自由です。

そしてもう一つが、「リバティ」です。「神に与えられた自由」「魂の自由」という意味でも使われる言葉です。この自由の意味が分かればこそ、人間は「創造の自由」でも「選択の自由」でも、善なる方向を選び取っていくことができるのです。その自由こそ、「人間は神に似せて創られた」ゆえんです。

その国が神から祝福されているかどうかを見分けるのは簡単です。「自由」です。

人々の幸福のためには、自由を取らねばならないのです。共産主義が目指す平等は、必ず政府の抑圧による、貧乏の平等になるからです。神はこれを愛されません。

そして神の意志とは、「神は、人間を神の子として創った」という意味です。そして、神の子とは、「一人ひとりが、善なる存在となる権利、繁栄する権利、努力して天上界の光となれる権利を等しく持っている」ということを意味します。これが自由の意味なのです。

「未来を創る自由」が失われつつある日本

「自己責任」も、自由の大切な条件です。

自分の人生について、自分で選択し、自分で決定し、その結果に責任を負うことができるということです。

江戸時代のように身分制があれば、農民は、政治の意思決定に参加することができません。社会を良くしたい、この国を良くしたいと願っても、それを実現する手段がないのです。これは奴隷の状態です。

つまり、自己責任を伴う自由には、「未来を創る自由」という意味があるわけです。学歴がなくても、貧しくても、今は立場が足りなくても、志を持って努力を続ければ、自分の未来を創ることができる、社会の未来を創ることができる、国の未来を創ることができる、世界の未来を創ることができるということです。

ところが、現在の日本では、この自由がゆっくりと失われつつあります。

自民党政権を中心とする戦後の政治体制は、日本の共産化を防ぐという意味で、重要な使命を果たしたと思いますし、自由の砦を守った部分もあったと思います。

しかし、一九九〇年前後に、冷戦が終結したあたりから、それまで日本の共産化を防いできたはずの自民党が、少しずつ社会主義化していっているような印象があります。一時期、政権を手放した時期はありますが、半世紀以上にもわたって政権を担ってきたこともあり、次第に〝江戸幕府化〟しているように見えるのです。つまり、幕末における江戸幕府のように、世界の変化に対応するとか、世界をよりよいものにするというよりは、これまでの体制維持に汲々とし、官僚的な発想で国民の管理強化に走っているとしか思えないのです。

それが、これまで本書で見てきたような無理な増税による社会保障の充実や、さまざまな業界で新規参入を阻むための細かな規制になっているわけです。

しかし、それは、国民を奴隷化する道であり、強制収容所に入れる道であり、自由を失わしめる道です。それを見破る必要があります。静かに進んでいる奴隷化への道を今、止めておかないと、一〇年後、二〇年後、大変な未来が待ち受けることになります。

繰り返しますが、収入の大半を税金で取られる代わりに、老後の面倒を国に見てもらうということは、国に餌付けされて動物園の檻に入るということと変わらないのです。

自分で稼いだお金は、自分で使い道を決めて、その結果は、自分で責任を持つということが、自由です。自分で稼いだお金を、政府に使い道を決めてもらって、毎月、決められた額の収入を政府からもらうというのは、自由のない奴隷の生活です。増税による社会保障の充実というのは、奴隷化に向かう道であることを知る必要があります。

自民党政権でも、日本の社会主義化（奴隷化）は止まらない

二〇〇九年に左翼的な考えを持つ民主党政権が誕生した時には、さすがに多くの人が危機意識を持ちました。北朝鮮のミサイル問題や中国の軍拡問題、東日本大震災など、次々と国難が襲い掛かり、多くの国民が亡国の危機を感じたことと思います。しかし、その後、三年あまりで民主党政権が崩壊し、自民党を中心とする政権が誕生した時、「これでもう日本は左傾化することはない」と、多くの人が無批判に信じ込んでしまっていたように見えます。

しかし、それはあまりにも安易な判断であることは、これまで見てきた通りです。
そもそも、私たちが二〇〇九年に幸福実現党を立党したのは、「民主党政権の誕生」を防ぐためというより、「これ以上、自民党には政権を任せられない」と判断したからです。民主党ではなく、自民党に対する危機感から、やむにやまれぬ気持ちで政治活動を始めたのです。

それは、当時の麻生政権が、北朝鮮有事を軽く見ていたことと、厳しい不況にもかかわらず、年金をだしにして増税を図ろうとしていることに、極めて大きな危機感を抱いたからです。

その危機感が、今、改めて浮き彫りになっています。

保守の正統な政権であるはずの自民党政権に変わっても、日本の〝社会主義化（奴隷化）〟の流れが止まらないことの恐ろしさを、もっと深刻にとらえなければなりません。

奴隷化する世界にあって、自由の旗を振る

しかも、この奴隷化の流れは、日本だけでなく、世界的な潮流にもなっています。アメリカでオバマ政権が誕生したことはその象徴です。

「自由の大国」であったアメリカが、「オバマケア」などと称して、軍事費を削って社会保障を充実させるという政策転換を行ったのです。これは、自由を守るための戦いはもうしないという意思表示です。

ヨーロッパは、すでにもっと早い段階で福祉国家への道を歩み始め、ギリシャなどで財政問題が噴出してもその歩みを止めることができないでいます。頼みのドイツのメルケル首相は、東ドイツ出身ということもあり、左寄りの政策を採っています。イギリスもサッチャー時代の覇気を取り戻せないままでいます。

中国や北朝鮮といった共産圏も、アジアでは今なお健在です。

中東諸国も、アラブの春によって自由が広がったようには見えません。まだまだ

課題が多いのが現状です。

マルクスの亡霊は、今なお世界を覆い、ゆっくりと人々の奴隷化を促しているのです。だからこそ、私たちは、「自由の旗」を振り続けたいと思います。日本だけでなく、世界中で自由の旗を振ることが使命だと考えているのです。

何よりも重い自由の価値

幸福実現党では、二〇〇九年の立党の段階で、すでに大川総裁によって「新・日本国憲法試案」というものを発表しています。

その第十一条に次の条文があります。

国家は常に、小さな政府、安い税金を目指し、国民の政治参加の自由を保障しなくてはならない。

政府の規模や税率についての記述を憲法の条文に盛り込むことに、やや違和感を覚える人もいるかもしれません。しかし、ここまで本書を読まれた方であれば、この条文に込められた深い意味が読み解けるはずです。

「小さな政府」「安い税金」というのは、国民経済の活性化や財政の健全化の文脈だけでとらえると、憲法に盛り込む意味が分からなくなりますが、「自由を守る」という文脈でとらえると、何としても憲法に盛り込むべき重要な論点であることが理解できます。

例えば、経済効果ということだけで論じるならば、「減税」よりも「財政出動」の方が効果は大きいと言われます。減税しても、国民がその分お金を使うかどうかは分かりませんが、公共事業などの財政政策であれば、確実にお金が使われるからです。

しかし、私たちが主張しているのは、経済効果も大事だけれども、自由の精神を潰してはならないことです。

世界の一切の不条理をなくすために

ある外国の方がこんなことを話していました。

「二〇二〇年に開催される東京オリンピックが、日本では経済の文脈でしか語られていないことが悲しい」と。

本当にその通りだと思います。

二〇二〇年に、日本が現在の自由を保っているかどうかは、保障の限りではないのです。

先日、私は学生に向けた講話の機会をいただき、次のように語りかけました。

「二〇二〇年、日本はこのままだと思いますか。

北朝鮮はこのままだと思いますか。

中国はこのままだと思いますか。

そんなわけない。

しかし、危機のなか、大きな試練のなかで、魂が鍛えられるような時代でもあります。

腹の底から、『自分とはこんな人間であったのか！』と思い知るような大きな目覚めがあるはずです。

皆さんのなかから、坂本龍馬のような英雄が出てくるかもしれません」


このような趣旨の話をさせていただいたのですが、会場は静まり返っていたので、どの程度、私の言葉が届いたのかは分かりません。

しかし、私としては、「もう後戻りはできない」と感じています。

それは、すでに新しい思想が発信されているからです。

日本や世界が奴隷化していく流れのなかで、この世界の不条理と戦う原理が打ち出されたからです。その真の意味を知ったならば、行動せざるを得ないからです。

「新・日本国憲法試案」の前文にはこうあります。

われら日本国国民は、神仏の心を心とし、日本と地球すべての平和と発展・繁栄を目指し、神の子、仏の子としての本質を人間の尊厳の根拠と定め、ここに新・日本国憲法を制定する。

『新・日本国憲法試案』12ページ

この前文には、世界の奴隷化の流れを止め、世界中に自由を創設するという意味での真の革命を促していく力があると思います。

この理念が、日本中に浸透したならば、本当に素晴らしい国ができるはずです。世界中、誰も見たことのないような理想の国が築けるはずです。

地上から、人種差別を永遠になくし、紛争や戦争をなくし、すべての人が手を取り合う時代がやってくるはずです。

この世界のあらゆる不幸をなくしていくことができるはずです。

世界中の人に魂を輝かせる喜びを

それは、世界中のすべての人が、魂を輝かせる時代となるはずです。

今、多くの人が〝赤字〟の人生を送っています。人に与えたものと、与えられたものを、貸借対照表のように並べてみたら、〝黒字〟になる人がどのぐらいいるでしょうか。いかに人々のお役に立つかと考える人より、いかに政府や会社や家族から面倒を見てもらうかを考える人の方が多いとしたら、世の中は〝奪い合い〟の世界になり、とても幸福な社会とは言えないでしょう。

本当に日本や世界を幸福にしたいのであれば、与え合うことの大切さを常識にしなければなりません。その意味で、宗教政党が果たすべき役割は大きいと思います。私たちの考えでは、人は「素晴らしい世の中を創るぞ」と決意して生まれてきます。政治参加の原点には、そうした人間観があるべきです。

人生をかけて素晴らしい国を創っていくために生まれてきた。したがって、未来を創る自由が大切なのだという考え方です。決して、政府に面倒を見てもらう権利のことを自由と言ったりしないのです。

大川総裁の「幸福実現党の目指すもの」という文章があります。次はその一節です。

人々を真なる幸福の実現へと導いていきたい。
この国に生まれ、この時代に生まれてよかったと、
人々が心の底から喜べるような世界を創りたい。

『夢のある国へ――幸福維新』11ページ

まさに、こうした公的幸福に貢献するために、自由というものがあるのです。

その意味で、私たちは、これまでの人類史で公的な幸福の実現のために命を懸けてきた先人たちに対して、まだまだ感謝が足りないのではないかと思います。

奴隷解放を実現したリンカーン、共産圏の野望を勇気で挫いたケネディ、人種差別と戦ったマンデラ――。

日本でいえば、聖徳太子から始まって、明治維新で活躍した志士たち。今日、我々の持っている自由は、彼らの身命を賭した活躍によってもたらされたものです。

そして解脱という魂の解放と自由のために、法を説き続けられた釈尊。

真の自由を知っていたソクラテスやイエスを処刑してしまった愚を繰り返さないためにも、私たちは改めて、政治の世界に、本当の意味における幸福や自由を取り戻す必要があると思います。

第三章

繁栄と未来

「努力即幸福」の国へ

1. ユートピア論

処刑されたトマス・モアが聖人になるまで

これまで現在の日本や世界の抱える問題についてさまざまに指摘してきましたが、第三章では、「理想の政治とは何か」「理想の国の姿とはどういうものか」について考えていきたいと思います。

そのために、まずこれまで歴史の中で描かれてきた「理想郷」「ユートピア」について、考えてみたいと思います。

ユートピアという言葉は、トマス・モアの造語で、「ノーウェア（Nowhere）」「ノープレイス（Noplace)」という意味です。敬虔なキリスト教徒だったモアは、ヘンリ八世の離婚問題（アン・ブリンと結婚したいために離婚した）で国王と真っ向対立、反逆罪で斬首に処せられてしまいます。著書『ユートピア』は、モアが物語を通して現実を風刺したものでした。

ちなみにモアの描いたユートピア島は、私有財産を持たない共産社会で、計画経済が営まれています。信教の自由は保障され、信仰の対象は寛容を旨としていますが、興味深いことに、無神論者には法的保護を与えない社会としています。

ルネッサンス期、ほかにもこうしたユートピア文学が世に出されていました。

ところが時代が下り、二〇世紀に入ると、今度はユートピアの逆を意味する「ディストピア文学」が書かれるようになります。「理想郷」のはずの共産主義国家や全体主義国家が、実際は「地獄郷」であることが分かってきたからです。

私が読んで衝撃を受けたのは、ジョージ・オーウェルの『一九八四年』です。舞台は全体主義国家「オセアニア」。主人公は、真理省の役人として、毎日、歴史記録の改竄《かいざん》作業を行っています。なるほど全体主義国家では、歴史の改竄は必要不可欠な仕事なのでしょう。

そしてこの国の住民は、テレスクリーンを通して、独裁者ビッグ・ブラザー（スターリンがモデル）に監視されています。

「言論の自由」を守るために戦う中国のメディア

余談ですが、これにそっくりな現実を目の当たりにしてきました。今年（二〇一四年）二月に中国の広東省広州市にある週刊紙「南方週末」本社を見に行った時のことです。ちょうどその一カ月前、同紙は「言論の自由」をめぐる事件で話題になっていました。

二〇一三年新年号の「中国の夢、憲政の夢」と題した社説を、広東省共産党委員会宣伝部が事前検閲し、書き換えを命じ、さらにいくつかの記事も削除されました。

夢といえば、二〇〇八年北京五輪も「夢」がテーマで、趣味でやっている中国語の勉強用に聴いた五輪テーマソングにも、歌詞にたくさんの「梦想（夢）」が織り込まれていました。中国ＣＣＴＶの人気アンカーマン白岩松《バイイエンソン》も、エール大学で「夢」について講演しています。中国人は「夢」ブームでした。

それが一人の「夢」発言で、この国では描いてはいけない「夢」があることが明確になりました。二〇一二年一一月二九日、中国共産党中央委員会総書記に選出された習近平氏は、中国国家博物館の「復興の道」展を視察した時、こう言ったのです。

「私は中華民族の偉大な復興の実現が、近代以降の中華民族の最も偉大な夢だと思う」

この発言を受けて、「南方週末」は、共産党から「我々はいつの時代よりも、民族復興の偉大な夢に最も近づいている」とする原稿に差し替えるよう要求されました。そこで、体制寄りの編集長が記者の休み中に差し替えたところ、記者たちは激怒してストライキをし、同紙を発行する「南方報業伝媒集団」本社前には、一〇〇〇人もの市民が、「言論の自由を」と書かれた看板やビラを持って抗議活動を行い、記者を応援したのです。三二〇〇万人（！）以上のフォロワーを持つ女優・姚晨《ヤオチエン》が、応援のツイートを行ったりもしました。

外国のメディア取材は受け付けていないのは知っていましたが、とりあえず本社の受付で編集部に電話をつないでもらいました。しかし電話口に出たのは、編集部員ではなく、共産党の広報でした。

本社の外に出て「残念」と空を見上げると、不思議なものが目に入りました。木の枝に、まるで雀が止まっているかのように、びっしりと監視カメラが並んでいるのです。抗議活動が行われていた場所の真上ですので、威嚇の効果もあるのでしょう。思わず『一九八四年』のオセアニア国のポスターのスローガン「Big Brother is watching you」（ビックブラザーはあなたを見守っています）が脳裏をよぎりました。

「南方週末」の近くも、首都の北京も、いたるところに警察車両が並んでいます。

しかし、国民の生活を守る日本の警察と、治安維持のための警察は、まったく質が違います。天安門事件をきっかけに米国籍を取得した中国人の方と、日本の国会周辺を歩いたことがありますが、「警察官が優しくて親切」であることに大変驚いていました。

またネット警察（警網）は五万人から三〇万人に及ぶと言われ、昨年からは新聞やテレビ、通信社、雑誌などの記者二五万人を対象に、マルクス主義などを学ぶ研修が義務付けられ、昨年からは免許更新試験が実施されています。中国共産党のビッグ・ブラザーたちは、『一九八四年』より格段に〝進歩〟しています。

「南方週末」などのメディアには、天安門事件を知る世代が多いと聞いたこともあります。「共産党の喉と舌」とされる中国メディアの中で、異色の媒体ですが、若き日の友人たちの姿を覚えている、気骨のあるマスコミ人が戦っているのかもしれません。

ところで、トマス・モアは、処刑されてから四〇〇年後の一九三五年、カトリック教会の殉教者として、聖人になっています。政治家と弁護士の守護聖人なのだそうです。

ユートピアというのは一つのエートスである

こうして見てみると、「ユートピア」とは、「私たちの自由を縛るものからの脱出」というような意味で考えられてきたことが多いと言えます。

しかし、世の中に忽然と、理想郷が誕生することはありません。ディズニーランドのように、みんなが楽しくて仕方がない世界になって、それが永劫続くということはありません。

大川隆法総裁は、ユートピアについて、こう述べています。

私は、「ユートピアとは、一つのエートス、すなわち、持続する精神状態のことを言うのではないか」と思います。

したがって、「ユートピアにおいては、人々の精神的状態がユートピア状態にあるのであって、ユートピアと言われるものの客観的状況は、時代と共に、年と共に、人々と共に変わってくる可能性がある。すなわち、ユートピアというものは、その精神的なる部分は永遠不滅であっても、現実的な状態論、生活論においては、時代と共に変遷することを認めざるをえない」と考えます。
いや、むしろ、私は、「変転する姿のなかにあって、変転しない精神を内包しているものこそ、ユートピアではないか」と思うのです。

『ユートピア価値革命』２６９ページ

ユートピアの原点は、個人を超えたものへの熱き情熱です。自分という個を超えたものに対して、この世界に対して、何かをなそうとする心です。この、ほとばしりです。熱意です。これがユートピアへの運動となっていくのです。

『ユートピア価値革命』47ページ

個人を超え、隣人のため、世界のために生きていく時、私たちは個人であって、個人を超えるのです。

習近平氏の「偉大な中華帝国の夢」が百年先、千年先に伝わるものかどうかは大いに疑問がありますが、ハンナ・アーレントが憧憬したギリシャのポリスのように、自由な精神は後世まで伝わっています。ユートピアに描かれる人類の理想やその精神は、死ぬことなく、絶えることなく伝えられていくものでしょう。

そして、現実にユートピアをいかに創るかという「実践論」としては、変転する社会に対して開いた体系を持って、挑戦していかねばなりません。その時代に生きる人間の努力にかかっているわけです。

ユートピアは現実にある

ところで、宗教的には、このユートピアは「どこにもない場所」ではありません。

現実に、それは「どこにもない場所」ということでは決してなくて、私たち一人ひとりが、心の奥底を深く深く見つめていったときに、記憶のある場所なのです。どこかで経験をしたことがあるのです。ですから、ある人がユートピアということを語り、その思想を公にすると、みんな心惹かれていくのです。懐かしいのです。ノスタルジーを感じるのです。いつかどこかで、そういう場所にいたような気がするのです。

『理想国家日本の条件』２１９〜２２０ページ

キリスト教に「エデンの園」があり、仏教に「極楽浄土」や「兜率天《とそつてん》」があるように、また日本では「高天原」があり、沖縄には「ニライカナイ」というところがあります。

このような、神のいる至福の場所があるという伝説は、世界各地に存在しています。宗教が違っても多くの人々が、素晴らしいユートピアへの憧れを抱いている理由はどこにあるのでしょうか。

それこそが、この地上を離れた世界、いわゆる天国と呼ばれている世界に住んでいた記憶なのだと大川総裁は説いています。魂の奥底、潜在意識のなかに、その郷愁が、遙かなる記憶があるというのです。

魂の奥に宿る「愛」の記憶

さらに「愛」についても同じように、ア・プリオリ（先験的）に人間の本性に宿っているものであると説かれます。「つながりたい」という欲求が、人を愛するという衝動が、なぜ生まれてくるのか。愛という引きつけ合う力、互いを結びつけ合う力は、教えられるだけで出て来るものではありません。

それは、人間の魂自体が、郷愁を感じているからだというのです。私たちの心は、そうした調和のなかにいる時に最大の幸福を味わいます。それが、実は魂の記憶であるのだというのが宗教的立場です。

大川総裁は、かつて、根本仏の生命体から、個性を持つものとして分かれてきたときの記憶を次のように描写しています。

それは、何億年前、何十億年前という、遥かなる昔の記憶です。銀河のある場所で、根本仏の意識の一部が、人類の魂を創るために、個性ある光として散乱したことがあるのです。これが、「人間の本質は仏の子、光の子である」と言われている理由です。

その本質において、仏と同じものを人間は持っているのです。「その本質において、仏と同じであり、その形態において、仏から分かれてきた仏の子である」というのが、人間の魂に関する真実なのです。

『ユートピア創造論』16ページ

私は時折、思い描くことがあります。大宇宙のどこかで、ビッグバンが起きて宇宙花火のように光が散乱した時の様子をイメージするのです。

夜の祈りの時や、明け方の静かな時間に、はるか昔に、自分が創られた瞬間があったことを、自らの内に問いかけてみるのです。すると、暖かい光が込み上げて来るのを感じます。確かに仏の子であることを、自分の心に湧き出る幸福感が証明してくれるのです。

私は次のように愛を定義したいと思うのです。

それは、本来、根本仏から分かれてきた魂たちが、さまざまな個性あるものとして生きていく途中で、元なる、親なる母の思い出、これを思い出して、「一つに戻りたい。同じ母の胸に戻りたい」という気持ちになる、これが、結局のところ、愛の愛たるゆえんではないのかということです。

『愛の原点』13〜14ページ

このような話は、政治の世界の言語とは違うものであることは、十分承知しています。しかし、これからの世界は、こうした宗教的真理がなければ解決ができない問題ばかりなのです。

そして、自分が信じる信仰の中身を見ることは、どのような政治を目指しているかを明らかにすることでもあるでしょう。

ここから政治的信念が生まれます。

人間は、仏性があるために、本来尊いこと。

また、個性という自由性を与えられ、それを最大限に発揮したいと願っていること。

もともと一なるものであったことから、大いなる仏の懐に戻りたいという欲求があること。

だからこそ「ユートピアを創ろう」という呼びかけに、人々は郷愁を感じ、ロマンを感じ、力を合わせて理想を実現していこうとするわけです。

こうした考えを持っていると、私たちが「個人の幸福」と「全体の幸福」とを求めながら、その調和を素晴らしいものとする理由が分かっていただけるのではないかと思います。

人類の教師たちは愛を教える

マルクスが『共産党宣言』で行った、「万国のプロレタリア団結せよ!」という呼びかけに対し、多くの人が立ち上がったのも、心の奥底にある「つながりたい」という欲求が刺激されたところがあったからでしょう。

しかし、実際のマルクスの思想は、「一なるものに向かうもの」ではなく、むしろ「分断する」ものでした。ブルジョワ（資本家）とプロレタリア（労働者）と階級を二つに分け、闘争させる原理でした。唯物論によって神と人間とを分離させました。しかも、暴力革命を行うことで、憎しみを拡大させました。マルクス主義は、ユートピアを目指す思想に見えながら、その本質は真逆だったということです。

私が考えるユートピアは、あくまでも「一なるものに向かうもの」です。

釈尊やイエス・キリストといった偉大な人類の教師たちは、言語を越え、肌の色の違いを越えて、一つになることを説きました。リンカーンやガンジー、マンデラといった偉大な政治家たちも、やはり、「憎しみを超えて愛を取る」ことを説いてきました。

すでにこの地球は宇宙時代に入っています。宇宙というフロンティアを目指していく中で、人類は一つになるチャンスを迎えていると思います。

2. 自由からの成長戦略

〝神の見えざる手〟で平和裡の革命を起こせる

こうしたユートピア思想を前提として政策を考える時、「自由化」が大きな鍵となります。

私たちは、当然、既得権益の縛りなどありませんし、規制を緩和して自由化を進める上で障害となるものはありません。

そもそも、ユートピアを目指す上で、「自由」は根幹となる重要な概念です。この「自由」を経済政策の考え方にあてはめてみると、それはアダム・スミスの言う

「神の見えざる手」という表現になります。

大川総裁の『ザ・ネクスト・フロンティア』という本にも書かれていますが、私たちは、「平和裡の革命で世界を変えていける」「そのために、『神の見えざる手』は働くものだ」と考えています。

これまで日本は、政府が国民から税金という形でお金を集め、そのお金をどう配分するかをお上が考えてばら撒き、あちらの業界は自由に活動させるが、こちらの業界は箸の上げ下ろしまで管理するという政府主導の考えで成長を目指してきました。戦後のある時期までは成功した部分もあったかもしれません。しかし、その考え方は、基本的に計画経済であり、社会主義的な考え方です。

そうではなく、なるべく規制を取り払って自由にすれば、「神の見えざる手」が働いて、一人ひとりの国民が、自由に理想を追いかけ、汗を流して努力をすれば、夢が実現して、適正に報われていく社会に近づいてくという考え方を採るべきです。

日本初の林学博士である本多静六博士に「努力即幸福」という有名な言葉があり

ます。幸福は、親から譲られるものでも、他の人から与えられるものでもなく、一人ひとりが努力していくしかない。人生とはすなわち努力。生涯働き続け、学びとおすことが最大かつ永遠の幸福なのだという意味です。

政府が管理を強化するということは、国民の努力の余地を小さくすることになりますから、これは換言すれば、国民の幸福を阻むことになります。

政府の役割は、細かい規制を設けて国民の経済活動を管理することではなく、国防や警察、外交など最小限の仕事にとどめ、民間でできることは、民間に任せていくことです。政治家は、国民のやる気を引き出すような壮大なビジョンや夢を掲げて、国の行くべき方向を指し示すことです。

アベノミクスの成長戦略はなぜ不発に終わるのか

第二次安倍政権では、アベノミクスと呼ばれる経済政策を行いました。いわゆる

「金融政策」「財政政策」「成長戦略」の三本の矢として有名です。

一つ目の矢である金融政策は、インフレターゲットの導入を含めた大胆な金融緩和で、すでに一定の効果を上げたと言われています。

二つ目の矢である財政政策は、震災復興などを含めた公共事業を行うことで、これもすでに実施されています。

三つ目の矢である成長戦略は、規制緩和などを進めて、民間活力を引き出すことですが、今のところ、成長戦略は〝不発〟だと言われます。

幸福実現党では、この三つの経済政策については、二〇〇九年の立党当初から訴えており、我が党の後追いとは言え、第二次安倍政権が発足してから金融緩和や財政出動を行ったことに対しては、十分とは言えないにしても一定の評価をしたいと考えています。

しかし、三つ目の成長戦略については、安倍政権には無理であることが分かっていたというのが、正直なところです。

なぜなら、日本は今なお、鉄鎖で縛られたような状態にあるからです。株式会社が農業に参入しようとしても、自由にできません。輸入関税を取り払って自由な貿易を促すＴＰＰ（環太平洋経済連携協定）の議論も思うように進みません。

医療も数多くの規制があり、事実上、医療機関の自由裁量による経営はできないようになっています。

ほかにも、たくさんの規制がありますが、規制は、その業界の既得権益となっているケースが多く、それを打ち破るのは容易ではありません。既得権益を持つ業界団体の支援を受けて選挙で勝った政治家であれば、規制の緩和には反対するでしょう。自民党は、与党時代が長いため、さまざまな業界とのしがらみが多く、簡単には自由化を進めることはできません。それが、アベノミクスの三つ目の矢である成長戦略が不発に終わろうとしている最大の理由だと思うのです。

ホンダとヤマト運輸に見る規制と自由

成長戦略を考える上で、いかに自由が大事であるかは、いくつかの企業の事例を見れば明らかです。

例えば、ホンダという会社があります。もともと二輪車のメーカーですが、四輪の市場に参入しようとした時に、お役所に止められたというエピソードがあります。

一九六一年に通産省（現・経済産業省）が示した自動車行政の基本方針によって、自動車産業の新規参入が通産省の許可制になったのですが、本田宗一郎は猛反発して、研究者たちにスポーツカーの開発・製作の指示を出し、強引に参入してしまっています。

さらに、通産省の方針を法案化した「特振法（特別産業振興臨時措置法）」にも大反対しました。特振法は、外車の輸入自由化を控えて、自動車業界をトヨタと日産、マツダに集約し、新規参入を認めないという内容です。

本田宗一郎は、こう言ったそうです。

「特振法とは何事だ。おれにはやる権利がある。既存のメーカーだけで自動車をつくって、われわれがやってはいけないという法律をつくるとは何事だ。自由である。大きな物を永久に大きいと誰が断言できる。歴史を見なさい。新興勢力が伸びるに決まっている。そんなに合同（合併）させたかったら、通産省が株主になって、株主総会でものを言え。うちは株主の会社であり、政府の命令で、おれは動かない」

まさに正論です。その後、ホンダがトヨタに継ぐ業界二位の四輪メーカーに成長しました。

ヤマト運輸が宅配便市場をつくった時もそうです。郵便局が独占していた小包市場に参入するとあって、郵政省などのお役所が邪魔をしました。しかし、当時の郵便局のサービスの悪さから必ず顧客のニーズがあると読んだヤマト運輸の小倉昌男社長は、断固として宅配事業に参入しました。そのために、大口の取引先を切るというリスクを負って、小口の配達に特化しました。そして、全国、どこでも翌日に荷物を届けるという、夢のようなサービスを実現したわけです。現在では、取扱個数が年三〇億個を超える巨大市場となりました。

いずれも、個性の強い企業家が、自由性を発揮して命懸けで道を切り拓いて、日本経済の成長を創り上げてきたのです。

政府が規制を強化すると、こうした企業家の創意工夫や努力が報われなくなります。実際に、少し古いデータですが、自動車、カメラ、エアコンなど一九九〇年代に日本が競争力を持っていた二〇の成功産業について一橋大学の研究チームが調べたところ、大規模な補助金制度などの政府の介入は、まったくなかったそうです。一方、民間航空機、証券、アパレルなど競争力のない失敗産業は、政府の広範な介入が認められたと言います。

経済大国・日本は管理するには大きすぎる

戦後、焼け野原の時代ならいざしらず、日本というのはすでに経済大国です。IMF（国際通貨基金）が経済を管理しなければならないような発展途上国とは違うのです。

経済規模が大きくなれば、何もかも政府が管理するのは無理です。

日本のような経済大国なら、規制を減らしてなるべく民間の企業活動を自由にしたほうが、全体として大きな成長を促すことになります。もし、ホンダやヤマト運輸が政府の規制に負けていたらどうなっていたかを考えれば、結論は明らかです。

最低賃金がいくらであるべきか、企業が女性をどれだけ活用すべきかなど、政府が口を出したがる話はたくさんあります。実際には、人手が不足すれば、最低賃金は自然と上がっていきますし、女性が活躍する舞台は広がります。

政府が余計なルールを定めるのをやめて、さまざまな業界の参入規制を緩和して、新しい企業を創れるようにしたほうが、実際の効果は大きいのです。

社会保障の問題も、財源不足であることを理由に、消費税を中心に大増税を進めていますが、これなども政府による私有財産の侵害といえるでしょう。増税というのは、国民が自由に使えるお金を減らして、代わりに政府が使い道を考えるということですから。

日本の高齢化は、世界でも一番進んでいますので、日本がどのような対策を講じるかは、世界中が固唾《かたず》を呑んで見守っている状況です。第一章でも触れましたが、社会保障費が足りなくなれば、増税で補うという単純な考え方で打開できるとは思えません。管理の強化、規制の強化が繁栄を生まないことは、旧ソ連などの共産国家の破綻で明らかです。

むしろ必要なのは、国民を縛っている鉄の鎖を打ち砕いて、自由度を高めることです。そのために、私たちとしては、政策理念の根本に「国民の自由を守る」という理念を置いているわけです。

政府は放置すると肥大化する

政府というのは、放っておくと規制を強化し、統制を強める傾向にあります。大川総裁は『政治の理想について』のなかで、次のように述べています。

国家には肥大化する傾向があります。肥大化すれば権力が増すからです。権力の側についている者は、必ず「権力を増大させたい」という気持を持っています。

権力のもとは何であるかというと、使えるお金が多いことです。税金を始めとして、使えるお金を多くし、さらに、自分たちの統制によって世の中すべてを動かせるようになることが、やはり権力者の夢です。

『政治の理想について』182～183ページ

権力欲というのは、誰にでもある欲ですから、放置しておくと、政治家や官僚の手によって統制が強化されてしまいます。その結果、誰も気づかないうちに、いつの間にか、社会主義化が進んでいたということになるわけです。

しかし、国家統制からの自由というのは、近代政治における最も大切な原理です。今日、常識となっている三権分立の考えも、権力の暴走を防ぐための手立てとして考えられたものです。権力が独占され、暴走すると、どんな恐ろしいことになるか。その歴史の知恵から、近代における自由というものが論じられてきたことを忘れてはなりません。

宗教を尊敬するところから自由は保障される

ここで、改めて指摘しておきたいのは、「自由を保障する国は、宗教を尊敬する国」であるということです。

自由と言うと、「表現の自由」や「言論の自由」などが有名ですが、その根本になるのは「信教の自由」です。自分が持っている信仰を内心において信じるという意味にとどまらず、その信仰を告白したり、伝道したりしても、差別されたり迫害されたりしないために、「表現の自由」や「言論の自由」があるわけです。したがって、自由のなかでも「信教の自由」は根幹中の根幹なのです。

つまり、「信教の自由」を大切にしない国は、その他の自由も制限されることになります。北朝鮮や中国は、「信教の自由」がありませんが、その結果、「言論の自由」もありません。

日本も、形式上は「信教の自由」が保障されていますが、実質的には制限されています。

二〇一五年の開学を目指して新設の申請をしていた幸福の科学大学も、文部科学省の大学設置・学校法人審議会の答申によって「不認可」となりましたが、その理由は、同大学の必修科目「創立者の精神を学ぶI」などがベースとする幸福の科学の教義にある「霊言」に、科学的根拠がないというものでした。霊言という宗教行為に対して、文科省が当否を判断したのです。これは明らかに、「信教の自由」を侵害する憲法違反です。

科学的根拠のない宗教の教義を大学で教えてはいけないのであれば、十字架にかかったあとにイエスが復活した話や、仏陀がマーヤー夫人の右脇の下から生まれた話を教える、キリスト教系、仏教系の大学はすべて成り立ちません。

大川真輝・幸福の科学副理事兼総裁室部長の著書『僕らの宗教、僕らの大学』でも、大学における宗教活動の実態についてレポートが載っていましたが、「学内での布教を一律に禁止」「学園祭における宗教関連企画の出展禁止」など、事実上、「信教の自由」が激しく侵害されているのが実情です。

人権の根拠の規定がない日本の憲法

憲法に保障されているはずの「信教の自由」は事実上ないがしろにされているわけですが、その背景には、憲法そのものの問題があります。

日本国憲法は、多くの人が指摘しているように、戦後、ＧＨＱ（連合国軍最高司令官総司令部）の占領下で、わずか一週間でつくられたものです。つまり、主権のない状態で押し付けられた憲法です。しかも、草案を作成したメンバーの中には憲法の専門家はおらず、共産主義者が混じっていました。

そのため、日本国憲法は「基本的人権」について触れていながら、「人権の根拠」については何も触れていないという不思議な構造になっています。

通常、人権の根拠は宗教にあります。イギリスのマグナ・カルタは「神の恩寵により」という言葉で始まっていますし、アメリカの独立宣言には、「すべての人は平等に造られ、造物主によって、一定の奪いがたい天賦の権利を付与され、そのなかに生命、自由および幸福の追求の含まれることを信ずる」とあります。欧米では、当然の前提として、キリスト教の価値観が根底にあります。

ところが、宗教観を背景に持たない憲法を持つ日本では、「信教の自由」が形骸化しています。しかし、「信教の自由」が形骸化してしまえば、その他の自由もその生命を失います。

憲法二〇条の改正を

日本国憲法が定める「政教分離」（憲法二〇条）も、人類の普遍的な真理ではありません。これは西欧キリスト教社会の宗教戦争の反省から、宗教と政治を分けておいたほうがいいだろうという技術的な知恵でできたものです。歴史的には、宗教と政治はもとが一緒ですから、非常に近い関係にあります。

日本国憲法は、政教分離を謳いながら、同時に、第一条で天皇制を定めています。これは宗教的に見ると明らかな矛盾です。天皇は日本神道の最高の神官だからです。ところが敗戦後、神道による仏教やキリスト教、また教派神道への弾圧の反省から、「政教分離」ができました。また、日本人の弱体化のためには、その強さの源泉であった宗教の影響を取り除きたいというGHQの意図もあったようです。

そんな事情もあり、「信教の自由」は認めながらも、宗教団体が政治権力を行使するのはよろしくない、という憲法の規定があるわけです（憲法第二〇条一項＝信教の自由は、何人に対してもこれを保障する。いかなる宗教団体も、国から特権を受け、又は政治上の権力を行使してはならない）。

この規定があるために、新聞やテレビ等のマスコミは、宗教の活動について報道しないようにしているわけです。しかし、はっきり申し上げて、これは「職業における差別」ではないでしょうか。宗教家には「政治参加の自由」はないのでしょうか。ほかの職業なら自由に政治参加ができて、宗教を信じるとできなくなるというのは、明らかにおかしいでしょう。

憲法を改正するのであれば、この規定も併せて変えていただきたいと思います。

本来、宗教団体が政治活動をするのは、何ら差し支えないはずです。

そもそも、宗教と政治を完全に分離することはできません。『神の言葉』を、この世において、実現せよ」となったら、必ず政治活動になるのです。仏教も、キリスト教も、イスラム教も、儒教も、世界の主だった宗教は、必ず政治と密接につながっています。

政教分離について「政治の世界から宗教を追い出す」という理解をしている人は、宗教と政治について、歴史的な観点からも理解できていないのだと思います。

重層的な宗教文化こそ日本の強み

恐ろしい統計があります。

世界では無宗教の人は全体の一六・三パーセントと少数派なのですが、無宗教の人口を見ると、日本は七二〇〇万人と中国についで世界第二位です。人口比では国民の五七パーセントですが、これは宗教を否定する共産国家である中国の五二パーセントを上回っています。日本は、共産圏なみの宗教心しかないのです。

ただ、私は、これは日本の本来の姿ではないと思います。

二〇一四年は、伊勢神宮の式年遷宮の年でしたが、一三〇〇万人を超える人がお参りに行ったと言われます。日本人の一〇人に一人はお参りに行った計算になります。二〇年前の式年遷宮では約八〇〇万人でしたから、これは各段に増えているわけです。

その背景には、日本神道の主宰神とされる天照大神《あまてらすおおみかみ》という神様の徳が、今なお世を照らしていることがあるでしょう。日本人のいわば〝永遠の母〟として見守ってきた存在がいて、その光明を多くの人が感じているということでしょう。

また、仏教の教えも、日本人の生活のなかに深く根付いています。

儒教の精神やキリスト教の教えも入っていて、日本には重層的な宗教的精神が底流に流れています。奈良・平安・鎌倉時代の仏教、江戸時代の儒教、そして明治以降のキリスト教は、それぞれの宗教史のなかでも特筆すべき高みを築いています。

しかし、戦後になって、日本は、長い歴史で築いてきた宗教的価値観に基づいた文化を、捨て去ろうとしています。私は「本当にそれでいいのか」ということを問いかけたいと思います。その選択は、日本から自由を奪い、繁栄を失わせることになるばかりでなく、世界に誇る「日本」という国家そのものが消滅する道です。

歴史を見ても分かる通り、文明は、ある時ある場所を選ぶかのようにして興り、やがて世界に永遠の記憶を遺しながら、大きく別の地域へと移動していきます。

無神論国家が繁栄を続け、国民が幸福になった例は歴史には見当たりません。宗教が繁栄してこそ、国家も興隆するものです。

したがって、私たちは、理想の国づくりを進める上で、宗教的精神を一本の背骨とするべきだと考えています。でなければ、本当の意味での自由はなく、繁栄もないからです。

3. 未来の繁栄を築くために

社会保障問題の根本解決は人口を増やすこと

宗教を尊敬する国であることを前提として、日本という国家が繁栄していくための条件として、まず掲げたいのが人口の増加です。

大川総裁は、二〇〇九年の立党時の段階で、「三億人国家を形成したい」というビジョンを掲げました。三億人というのは、現在のアメリカと同程度の人口ということになります。

国土の広さが約二五倍もありますので、「無理だ」と思う人もいるかもしれませんが、日本は狭いといっても宅地面積は国土のわずか五パーセント程度に過ぎません。規制緩和をして、宅地面積を広げ、無駄な道路を潰して、さらに高層化も進めれば、十分、二～三倍の人口を吸収できます。

ちなみに、一九世紀後半の段階では、日本もアメリカも人口が三〇〇〇万人台で同程度でした。そのことを考えれば、日本もアメリカのように人口を増やすことは可能でしょう。

「人口が減っても構わない」という考え方もあるかもしれませんが、私は反対です。人は力であり、エネルギーです。人口の低下は恐ろしいまでに国力の低下に直結するものです。中国経済が驚異だと騒がれたのも、結局、人口のパワーによるものです。人口一三億のほかに、黒孩子《ヘイハイツ》と呼ばれる戸籍を持たない人などを含めると、一四億人ぐらいはいると言われています。もちろん、その中国なみの経済を、わずか一〇分の一の人数で実現してしまう日本人というのは、すごい国民ではあります。

日本経済の最も大きな課題である年金などの社会保障の問題も、実は人口が増えれば解決するものです。

人口は増やせる

ただ、人口問題は、「この手を打ちさえすれば大丈夫」という魔法のような政策があるわけではなく、「人口を増やす」というビジョンを打ち出し、そのために必要な政策を総動員しなければいけません。

労働人口の不足という側面からは、定年後も働き続けることができるような雇用環境を整えることや、子供を産んだ女性が職場に復帰できるような社会にする必要があるでしょう。

子育て環境の不備という側面からは、規制を緩和して広い住宅に住めるようにしたり、保育施設の充実を図ったり、公教育にかかる費用を安く済むようにしたりする必要があります。

また、少子化対策として、所得税の世帯課税や三人以上の子供を持つ家庭に対する優遇税制なども検討すべきでしょう。万一、子供を三人産んで国に貢献した方が不遇な晩年を過ごすことになった場合は、政府が責任を持って生活を保障することも考えるべきです。

いわば、「産めよ、増えよ、地に満ちよ」を政策として具現化していくわけです。こう言うと「戦前回帰」のような印象でとらえられてしまうことも多いのですが、そうではありません。「産めよ、増えよ、地に満ちよ」は、旧約聖書の創世記の六日目に、神が人間に命じた言葉です。

私は、日本の人口増加は、神様が望んでいることなのだと思います。特に、世界は一〇〇億人時代を迎えようとしている今、日本のような高度な国がリーダーとなって、一人でも多くの人が地上で魂修行に励み、「生まれて来てよかった」と思うようなユートピアを創れるかどうかが重要です。これは人類全体にとっての挑戦です。

移民の導入で日本は繁栄する

移民も、検討すべきです。

移民に関しては、保守系の言論人から大きな反発があることはよく承知しています。しかし、その中身をよく読んでみると、移民そのものに反対しているというよりは、「中国人労働者」に対する不信感です。確かに、中国という国は、本書の第一章でも触れたような恐ろしい側面を持っています。日本とも尖閣諸島などをめぐる摩擦も起きていますし、とにかく人口が巨大ですから、中国人の受け入れについては、慎重に考えるべきだと思います。ほかにも、反日教育を国の方針で行っている国もありますが、少なくとも、日本に核ミサイルの照準を合わせているような国に対してはなおさら慎重であるべきでしょう。

しかし、「移民＝中国人＝日本への侵略」という文脈だけでは論じられないのが、これからの未来です。日本にとって、いや世界にとって、最大の懸念は、中国です。

共産党一党独裁の政治体制、そして軍事的覇権主義です。しかし、中国人そのものが悪いわけではありません。あまりに〝鎖国〟的な発想や〝攘夷〟的な発想にこだわったり、まして人間としての差別をしてはなりません。

日本は島国で同質性の強い国なので、純血主義に陥りがちです。右を向いても左を向いても日本人ですが、もっと多様性を認めてもいいはずです。若い世代にとっても、海外の人と自由に交流できるというのは、いつの時代も、喜びです。

日本の歴史を見てみると、意外と古くから国際性を持っています。

例えば、『日本書紀』を読めば、当時がいかに国際社会であったかが見てとれます。少なくとも、持統天皇の記述だけを見ても、「帰化人を受け入れて、どこそこの国に住まわせた」という記述がやたらと出てきます。飛鳥時代から奈良時代は、有力氏族の多くは渡来人でした。もともと、朝鮮半島との間では頻繁に人が行き来していたわけです。

織豊《しょくほう》政権の時代には、ポルトガル人やスペイン人が多く日本に来ています。鉄砲やキリスト教が伝来したのはこの頃です。

明治時代にも、お雇い外国人が大勢日本に住みついていました。

現在の大相撲などは「外国人に開かれた日本」の象徴かもしれませんが、日本は、外国人の受け入れについては、意外とおおらかな伝統を持っていますし、外国人が流入してきた時代は、日本の歴史でも非常に繁栄した時代であったと言えます。

「白いサムライ」「黒いサムライ」、結構ではないか

また、日本が好きで、日本に来た外国人の多くは、日本人以上に日本人らしいところがあります。

私の従姉妹が、アゼルバイジャン人と結婚したのですが、さすがに最初は家族全員で驚きました。まさか身内から国際結婚する人が出るとは思わなかったのです。

しかし、「結婚したい」と言うので、実際に会ってみると、日本が大好きで、祖国

を想う気持ちも強く、親や兄弟などに対する感謝の思いがとても深いのです。実に立派な青年です。今時の〝草食系〟の日本の男子に見習ってほしいと思うほど、サムライ・スピリッツを持っているのです。

何とか無事に結婚し、つい先日、彼女から「赤ちゃんが生まれた」と連絡がありました。旦那さんと赤ちゃんと、家族三人で私の家に来てくれました。青い目で、髪は黒く、鼻筋の通ったとても美人の女の子です。彼女の両親も、喜んでいました。

こんなことから、私はやはり人間は中身なのだと痛感しました。「白いサムライ」も「黒いサムライ」も、結構ではないかと思ったのです。日本が大好きで、日本語も堪能、何かあったら日本を守る気概もある——そんな人が「日本人になりたい！」というなら、受け入れるべきではないでしょうか。

実際に、日本に来たいという若者は、世界中にいます。嫌日で知られる韓国でも、夜は親日なのだとも言われます。仕事が終わって酒の席になれば、日本が好きだと言い出したりするのです。

クリス・ハートのように、日本人以上にうまく日本語で歌いあげるアメリカ人の歌手もいます。中国でも日本のマンガやアニメが大人気ですし、中東やロシアも、日本は人気があります。

二〇一三年に公開された「ヒノマルドリーム」という映画は、アメリカ人の若者が、日本の歌が大好きで、歌手デビューを夢見て来日するというストーリーでした。

こうした現状を考えると、少なくとも政令指定都市に関しては、国際化を進めるべきだと思います。

実際に、外国人の多い都市のほうが発展するものです。

二〇世紀後半のアメリカの繁栄を牽引したシリコンバレーなどは、多くの移民が住み着いて、錚々《そうそう》たる企業を生み出しました。例えば、インテルのアンディ・グローブはハンガリー出身ですし、グーグルのセルゲイ・ブリンは旧ソ連出身です。移民が多いと、違う宗教、違う習慣、違う言語の文化が衝突したり交わったりして、一種の異種結合によってイノベーションが起きるのでしょう。

古くは、唐の時代の長安が国際都市です。

中国の広州の博物館に行った時、唐の時代の長安を描いた絵が飾られていたのですが、それを見て驚きました。現代の中国とはまったく違う様相、すなわち鼻の高い胡人が駱駝《らくだ》に乗り、黒人が自由に行きかう長安の町の様子が描かれていたのです。当時の長安は、世界中から人が集まる国際都市で、特に隋から唐にかけての時代は仏教が花開き、文化は世界最高のレベルというほどの高みがありましたが、仏教の衰退とともに下り坂に向かい、今や数千年の精神的遺産は、すべて〝抜け殻〟となりました。ミッキーマウスを真似した大耳の猫のキャラクターで満足するような国に文化を学びに来る人はいません。

ギリシャやローマも、最盛期は国際都市になっています。イエスの時代はギリシャ語が国際語で、すべての道がローマに続く時代もありました。

東京や大阪などの大都市は、アテネやローマ、盛唐の時代の長安のように、世界中の人々が集って、新しい形の繁栄を実現していく——私たちはそんなビジョンを描いているのです。

また、過酷な労働で人手不足になっている介護の分野や農業の分野で、外国人労働者を入れるということも大切です。ただ、単に日本人が楽をするための移民導入ではなく、世界の人々が日本に来て、それぞれの夢を実現し、成功していくという形での繁栄を目指したいと思います。

もちろん、犯罪者の不法入国の問題もありますから、誰にでも門戸を開けばいいと言っているわけではありません。どういう条件を満たせば日本国籍を与えるかについては、細かい論点を詰める必要がありますし、有識者を交えて多角的に検討すべきでしょう。「免許更新制」で年限を区切って日本国籍を与えるなど、さまざまなアイデアも出していくべきでしょう。

特に「帰化」においては、「立派な日本人をつくる」という意識が必要だと思います。アメリカの市民権を得るための条件は徹底していて、英語の読み書きの能力ばかりか、合衆国の歴史と政府について正しい知識があることを証明できなければなりません。加えて国家に対する忠誠宣言まで行われています。日本も、日本語の習得、国旗や国歌への敬意、さらに歴史や皇室への理解、愛国心なども求めていくべきでしょう。いずれも、日本の教育でできていないという現状があり、これに対しては「日本の誇りを取り戻す」ための運動を私たちも必死で展開しているところです。

いずれにしても、人口が少なければ必ず起きる問題の深刻さは、地方を中心にもう明らかです。破綻必至の社会保障問題を根本的に解決するためにも、生産人口を増やすためにも、移民の導入を含めた人口増加政策は、国を挙げて取り組むべき課題だと言えます。

教育こそが成長戦略の要

国の繁栄にとって、「国家百年の計」としての教育改革も大切です。

近代における日本の教育制度は、明治五（一八七二）年、日本初の義務教育制度である「学制」を定めたところから始まります。文部省（現・文部科学省）の、最初の大仕事です。

しかし当時の農家は、貴重な労働力（子供）を取られ、授業料までも取られるという負担に反発。各地で「学制一揆」と言われる反乱が起きました。

それでも明治政府は、「教育こそが成長戦略の要」と確信し、断固として義務教育を推進しました。子供を学校に行かせない親を牢屋に入れた、という逸話も残るほどの力の入れようだったわけです。その結果、明治二〇年代から三〇年代にかけて就学率は急速に上がります。国民生活が向上して、近代教育制度も国民に定着。そして国庫補助や授業料の廃止なども追い風になりました。女子教育も明治六年は就学率が一五・一パーセント止まりだったのが、四三年には男子とほぼ同じ九七・四％になっています。

こうして日本は一躍、世界トップレベルの近代国家に生まれ変わっていきました。日露戦争の勝因は、国民の教育水準の高さにあると海外から指摘されるなど、公教育は、百年単位でみると、ある程度成功を収めたと言えるでしょう。

しかし時代は下り、日本は新たな教育改革によって、再び生まれ変わるべき時が来ています。

戦後、GHQから押し付けられた自虐的な歴史教育は、日本の誇りを失わせました。宗教的真理を排除したことで抜け殻となった公教育の中で、教師は善悪を教えることができなくなり、いじめや犯罪が多発しています。

また、高度成長後の画一的な平等教育や、「ゆとり教育」は、企業の国際競争力を下げています。これは明治期に『西国立志編』が空前のベストセラーとなり、「自助の精神」で、旧幕臣はじめ、多くの若者の努力を鼓舞したのとは、真逆の結果を生むことになりました。

さらに、塾や私学に通わせざるを得なくなった親の経済的負担は重くなり、国の財政を圧迫しています。

こうした問題意識のもと、安倍政権はいじめ対策や、道徳教育の強化、大学改革などに取り組もうとしています。しかし、左翼陣営の反対も強く、それを押し返す信念も十分に感じられません。

日本の諸問題を解決し、日本をさらに繁栄させるには、どのような教育が必要なのか。今一度、考える必要があります。

教育の手本は幕末の松下村塾

それを考える出発点として、幕末の長州藩にあった吉田松陰先生の松下村塾を挙げたいと思います。

本州の端にある小さな塾の一室で、たった一年数カ月の教育を受けた人材が、次々と明治維新の立役者となっていた――。まさに「こういう教育をすると、近代国家が一つできる」という、世界に誇る教育機関の白眉《はくび》です。

そこで教えたことは何だったのか。もちろん、兵法や国際情勢なども講義されました。しかし、それが中心ではありません。

吉田松陰先生は、松下村塾をつくるにあたり、こう述べています。

「学は人たる所以《ゆえん》を学ぶなり」（学問とは、人間はいかにあるべきか、いかに生きるべきかを学ぶことである）

松下村塾で教えたのは、人間の生き方そのものだったのです。

「身はたとひ 武蔵の野辺に 朽ちぬとも 留め置かまし 大和魂」という、日本中の志士たちを〝教育〟した名歌があります。これも「人には命をかけてすべき仕事がある」という、人生論の極致です。

日本の諸問題を見るにつけても、この「生き方を学ぶ」教育が必要とされていると感じてなりません。

「体系化された知識」を得ることだけが学問ではない

しかし現在、教育内容の基礎となる「学問」が、「人の生き方」について語れないという事実があります。

世の学者たちに「学問とは何か」と問いかければ、「体系化された知識」「科学的に証明ができるもの」などという答えが返ってきます。しかし、こうした定義では、吉田松陰先生が教えた学問は、学問にはなりません。「大和魂」も心理学や医学で分析することはできません。

では、現代の学者が吉田松陰先生に面と向かって、「それは学問ではありません」「教育現場で教えれば、価値の押し付けになります」などと言えるでしょうか。学問の成果や実績、また学徳による感化などを比較してみれば、そのようなことをいう資格はないはずです。

世の中が複雑化し、学問も専門化・細分化している一方、「人間はどのように生きるべきなのか」という単純なことが、分からなくなっています。そのため、いくら物事を緻密に研究して、学問が進化したと言われても、人心の荒廃は止まらず、国力の衰退を止められない。世の中が変わらないのです。

教育の本質は「真理の探究」であり、「人間学」です。志と生き方を教える学問から生まれた人材だからこそ、知性の翼によって、未開拓の地平に向かって羽ばたいていけるのです。

教育にも「自由の創設」を

キーワードは、やはり「自由」です。

現在の文部科学省の教育行政は、明らかに統制型です。

大学を新設するに際しても、教員の要件や数、授業の内容、建物の大きさに至るまで、細かな規制が設けられており、事実上、自由な教育はできないようになっています。

制度面の改革としては、塾を学校として認めるなど、規制を緩和して、学校設立の自由化を促すことが必要です。教員免許を持っていなくても、知識や経験に優れた人材の教員登用を容易にし、不適格教員の排除に向けた仕組みも検討したいと思います。教育バウチャー制度を導入することによって、自由に学校を選べるようにすべきでしょう。

また、健全な愛国心を育む歴史教育を行ったり、全国の小中学校に二宮金次郎像を復活させて、資本主義の精神、勤勉の精神を育むことも大切です。

中国の地図が「縦」になったことの衝撃

全体主義国家の軍事的脅威から「自由を守ること」も大事です。

つまり、外交・防衛政策です。

現在、日本を取り巻く安全保障環境は、厳しさを増しています。北朝鮮は核ミサイル保有を進め、中国は軍事的拡張を進めています。

今年六月、中国人の友人に会ったら、とっておきの話をしてくれました。「地図が縦になった」というのです。

中国全土でうれしいニュースになったという「地図」は、六月に湖南省地図出版社から出されました。伝統的な「横型」にかわって、「縦型」に配置するとともに、これまで縮尺で挿入されてきた南シナ海の海域や島嶼《とうしょ》が、大陸と同じ縮尺で記されるようなりました。さらに「南極州と北極海が変形するという大きな欠陥も克服」したものです。

青い海域が大きく広がった新しい地図に対して、友人は「国が大きくなった気がする」と素直に喜んでいます。

そこで、もしやと思い、「中国には国境がないと聞いたけど本当?」風船のように膨らんだり萎んだりするものだと思ってる?」と聞いてみると、深くうなずいています。

なるほど、中国軍事の専門家・平松茂雄氏の研究の通りです。中国を見る場合、政治態勢やイデオロギーや歴史といった要素も重要ですが、「それ以前に国家の基本的な在り方を規定する地理的位置と空間的広がりを知らなければ決定的に見誤る」として、中国には「国境」という言葉はなく、あるのは「辺疆《へんきょう》」だと指摘します。

あたかも風船球のように、中央政府が強固な時は膨らみ、弱体化すると「辺疆」を捨て、膨張と収縮を繰り返してきたのが中華世界だというのです。

中華人民共和国の建国の父・毛沢東らの念頭にあったのは、アヘン戦争以来、「帝国主義列強」に「奪われた領土」を取り戻し、「中華帝国の復興」を果たすことでした。清朝最盛期の版図を回復する「失地回復主義」こそ、領土拡張を続ける中国の基本方針です。

湖南地図出版社の雷宜遜《レイイスン》編集長は、「読者は中国の全地図を全面的、直接的に認識でき、国家領土に主要なものと副次的なものがあると誤解することはなくなり、国民の領土に対する意識の確立に役立つ」と話したといいます。

「海の辺彊」にある日本

現在、中国共産党の触手が伸びているのが「海の辺彊」です。一九七〇年代以降、南シナ海のパラセル諸島（西沙諸島）とスプラトリー諸島（南沙諸島）の帰属に関してベトナム、フィリピン、マレーシアと紛争が続いています。日本でも、尖閣諸島ばかりか、小笠原沖のサンゴ密漁に見せかけて、海軍民兵が集結しています。

しかし、沖縄県をはじめ、十分に危機が認識されているとはとても言えない状況です。

毛沢東が建国した軍事国家は、軍事を見ると、何がしたいかがよくわかります。

まず、自信の根源になっているのが核兵器です。東京オリンピックで沸き立つ一九六四年、中国は初の核実験に成功し、一九七〇年の人工衛星の打ち上げ成功以来、日本と米国の基地に核を落とせるようになりました。いま中国の核ミサイルは、日本の主要都市に照準を合わせています。最近、新たな大陸間弾道弾の「東風41」の開発に成功したと言われます。弾頭が一〇個に分かれてそれぞれの都市を攻撃できます。

宇宙開発も著しい進展が見られます。まっすぐ飛ばせば衛星になるものも、電波で誘導して落とせばミサイルになります。笑顔の女性が宇宙飛行士になっていますが、彼女は第二砲兵部隊という核ミサイル部隊に所属しています。

そして、「海洋進出」です。

リゾートで知られる中国の海南島が、中国海軍の南海艦隊の最重要基地となっているのはあまり知られていません。ここはまるでサンダーバード（なつかしの人形劇ドラマ）です。巨大な洞窟型原潜基地が建設され、米国の偵察衛星の監視を逃れることができるよう、海中から潜航したまま出入りが可能です。核弾頭搭載潜水艦の用水路には、二〇隻以上収納できる（英国The Daily紙）のだそうです。

南シナ海は水深が深く、原子力潜水艦の拠点であるとともに、空母艦隊の基地も海南島に建設されています。四つ目のロケット発射基地も完成しました。

石油などのさまざまな物質が運ばれてくるシーレーン（海上交通路）が脅かされている日本は、ベトナム、インド、ロシアなど、中国にとってやっかいな国との連携を深めなければなりません。

さらに今回の地図で、北極と南極も狙っていることが見てとれます。

氷の融け始めた北極には、日本も北極海航路として、熱い視線を注いでいます。これまで南周り（南シナ海、マラッカ海峡、インド洋、スエズ運河、地中海ルート）で四〇日かかったところが、三〇日で日本とヨーロッパを結べるようになります。海賊問題やテロで、スエズ運河が経由できない場合は五〇日かかるので、運航コストとともにリスク管理の意味でも非常に大事な航路です。

中国は、資源戦略上、目をつけていると言えます。二〇〇九年五月米科学誌「サイエンス」(Science)に「世界の未発見の天然ガスの三〇%と石油の一三%が北極圏にあると推定されている」とあります。

南極も同様です。二〇一四年二月二〇日付日本経済新聞によると「南極での資源採掘を禁じた『環境保護に関する南極条約議定書』が見直される二〇四八年をにらみ、中国の発言力を強めようと、科学調査目的の投資を活発にしている」とあります。また、一一月一八日には、オーストラリア・タスマニア州の州都ホバートを訪問中の習近平国家主席が、南極観測隊員を慰労に行っています(二〇一四年一一月一九日付「人民網日本語版」)。

結局のところ、中国は大陸と南シナ海を基軸とし、西はインド洋、東は太平洋に進出して、さらに北極海と南極海にも進出し、全地球規模で世界の支配を意図していることが分かります。「分からないのは日本だけ」と指摘する平松茂雄氏は、「既成の知識と組織では、中国の動向を見抜き、対処できないことを認識する必要がある」と警告します。中国の「海の辺彊」にある日本に、信じられない危機が迫ってくるのは時間の問題なのです。

大川総裁は、『「集団的自衛権」はなぜ必要なのか』で、「集団的自衛権を強化するにしても、これは一時しのぎだと思います。今は、とりあえず、これで凌げても、『いずれ、中国の海軍力、空軍力は、日米を合わせたよりも上になるため、守り切れなくなる』ということは、アメリカ自身がすでに認めていることではあるので、このままでは一〇年以上はもたないことになると考えています」（98〜99ページ）と述べています。日本は「武士道の精神」を取り戻さないといけません。

自分の国は自分で守れる体制へ

これまで触れたように、日本の周辺はかつてないほどの緊張状態にありながら、軍事・防衛問題については、議論が十分にされていないように思います。

例えば、憲法九条を改正し、防衛軍を組織する必要があるはずですが、憲法改正は〝重い〟ため、選挙でも争点になりませんし、意図的に議論を避けているように見えます。集団的自衛権の行使を可能とする法整備も必要ですし、非核三原則の撤廃も必要でしょう。

いずれにしても、「自分の国は自分で守れる」体制をきっちりと整えておく必要があります。

外交についても、日米関係の深化はもちろん、中国の海洋進出や軍拡を牽制できるように、インドやロシア、オーストラリア、東南アジア諸国などの関係強化が必要です。

また、アメリカがオバマ政権の下で左傾化し、世界の警察官としての役割を放棄しつつある中で、日本はリーダーシップを取って、アメリカに代わって自由の旗を振り続ける使命があります。単に、自国の平和さえ実現すればいいのではなく、事実上、アメリカに次ぐ経済大国である日本は、やはり世界に対しても責任を持っていると思うのです。

中国や北朝鮮の民主化を促し、自由を抑圧された両国の国民たちを幸福に導くことも日本の仕事です。少子高齢化の根本的解決を世界に先駆けて解決することで、ヨーロッパで破綻しつつある福祉国家の次にある国家像を、世界に示すのも日本の仕事です。

中東を中心に、宗教の違いから多くの紛争が起きていますが、日本神道、仏教、儒教、キリスト教と多くの異なる宗教を受け入れながら、大調和を実現して多様な宗教文化を花開かせた日本の知恵は、世界のお手本となるはずです。

地球の人口が一〇〇億人に近づく中で、食糧不足や資源不足、環境の悪化が懸念される中で、日本の食糧増産技術や資源開発技術、省エネ技術、環境技術は、世界を救うことになるはずです。

これらはすべて、世界に自由を創設することになるという意味で、日本発の文明レベルによる革命だと言えます。

外交・安全保障問題を考える上では、こうした世界レベルでの未来ビジョンを提示しつつ、日本が世界に貢献していくという文脈の中で、日本の国益を守り、日本の繁栄を築いていく方向で一つひとつの政策を打ち出していくべきでしょう。

その結果、日本人だけでなく、世界中の人々が、魂を輝かせて幸福になっていく――そんな世界を実現するのが私の夢です。

4. 世の中は変えられる

魂を堕落させるような政策は許しがたい

最後に、私が政治を志すことになった理由と、微力ながらも世の中を変えられると信じるようになった理由について記しておきたいと思います。

私が最初に政治に関して憤りを感じたのは、一九九九年に公明党の発案で行われた地域振興券です。国民一人につき、二万円の商品券を渡すという政策です。その一〇年前に竹下内閣で行った、各市町村に一億円ずつ渡すというふるさと創生事業にも驚きましたが、地域振興券は、これを国民レベルに広げたものです。

反射的に「これは配給制じゃないか」「国がやることではないだろう」と、国政にあたる人たちの知性を疑いました。この政策については、「タコが自分の足を食う」と、当時揶揄されたりもしましたが、それこそ、吐き気のするような嫌悪感を覚えたのです。今思えば、この時以来、国家と自由について意識するようになりました。また社会主義的なもの、人の自由を奪うものについては、何とかしなければならないという「公憤」を覚えるようになりました。

憤りには「私憤」と「公憤」がありますが、「世の中をよくしていきたい」と思って憤る心は、絶対になくしてはいけないものです。怒るべき時に怒ってあげなかったがために、悪を犯したり、転落していくことも多いのです。こうした怒りは、殺人剣ではなく活人剣です。人を活かす厳しさや怒りは、「愛」の一つであり、ただ優しいよりも感謝されることが多いものです。

世の中は変えられる

また、おかしいと思うことや間違っていると思うことについては、実際に「声」を上げて、「行動」に移さなければ、意味がありません。そして小さな勇気とちょっとした行動で、現実を変えていけるということも体験を通じて学んできました。

一九九〇年代、私がまだ二〇代の頃の話です。当時は、大手出版社を中心に、ヘア・ヌード雑誌が全盛といった頃でした。内容があまりにも酷く、しかも子供や女性の目にもふれるような公的な場所にも置かれるようになり、志あるお母様方と一緒に、声を上げたことがあります。

当時の朝日新聞に、日本や世界の航空会社を対象に、ヘア・ヌード雑誌を機内に置いているかどうかを調べて一覧表にした記事が載っていたことがあります。「載せる？　載せない？　空さまざま」というタイトルの記事を見ると、日本の航空会社にはすべてヘア・ヌード雑誌が置かれている一方で、外国の航空会社数十社は、まったく置いてないという調査結果になっていました。

実際に、飛行機に乗った時に、隣の席の男性が雑誌のヘア・ヌードを見てヘラヘラ笑い出したことがあります。気持ち悪くなりましたが、機内ではシートベルトを締めていて逃げられませんし、席も変えられません。しかもそんな雑誌を、客室乗務員の女性が笑顔で配っているわけです。いくら何でもこれはおかしいと思って、何度か苦情を言ったのですが、なかなか変わりません。そこで、その記事を読んで、新聞に投書を書いてみたり、航空会社に抗議の手紙を送ってみたりしました。

ある日、地元の東京都小平市の図書館に行ってみたら、大手週刊誌のコーナーがありました。手に取ると最新号には「近親相姦ヌード」と題するグラビア記事が表紙に踊っています。思わず、その雑誌を持って、カウンターの係の人に、「これは一体どういうことなのでしょうか。税金で買うものなのでしょうか。子供たちも手に取ることができる本棚に置いてありますが、どうにかならないものなのでしょうか」と言ってみたのです。すると係の方は、「市長に手紙を書いてください」と言うのです。それで、市長宛てに手紙を書いて出しました。

翌週、図書館を訪ねてみたら、すでにその雑誌は撤去されていました。

ずいぶん経ってからのことですが、私の母が何かの会合の席で市長と会った時、「娘さんから手紙をもらったので、すぐに撤去させた」とおっしゃっていたそうです。

声を上げて行動を起こせば、少しずつではあっても世の中は変わるのだ、政治家の判断というのは本当に大事だな、と実感しました。

また、先ほどのヘア・ヌードの問題で、女性の友人と三人で手分けして、当時の航空三社と、その社長宛てにお手紙を送ってみました。

すると、ＪＡＳ（その後、ＪＡＬと合併）という航空会社から、テレホンカード付きの手紙が届き、「機内持ち回りサービスは中止することとしました」という返事が来ました。実際ＪＡＳはその後、すぐにヘア・ヌード雑誌を撤去しました。

ちなみにＪＡＬとＡＮＡからは、「国内でよく売れている雑誌なので取りやめる予定はない」との返事でした。

その後、飛行機に乗る度に声を上げたりしました。読売新聞に私の投稿が載ったこともありました。

ある日、ＪＡＳの社長から丁寧な直筆のお手紙が届きました。

「私は暑い八月を迎えますと、後に続くものを信ず、といって死んでいった当時の学友、先輩たちを想い出します。今のエゴとエロにまみれた日本を知ったなら、彼らは何と思うでしょうか」

涙が出ました。戦争で亡くなった若い人の顔が浮かぶようでした。焼野原から日本の繁栄のために頑張ってこられたお一人なのです。そして、手紙にはこうありました。

「今回は、お子様連れの多い夏休みの、私のささやかな抵抗と警告ではありますが、何分、会社という公器を預かっているため、歯切れの悪い点をお許し下さい」

財界人とは、自社の利益だけを考えている人だけではないのだということを知りました。国士の気概を持って、この国の行く末を見据えている人もいるのです。

その後、毎日新聞の夕刊に、ＪＡＳ社長のインタビューが掲載されました。ヘア・ヌード雑誌を撤去した経緯を述べておられましたが、「女性の投書がきっかけで、私が判断した」と述べておられました。

その手紙は今でも宝物です。縁もゆかりもない二〇代の私に、大事なことを教えていただきました。そして、真心から訴えた時、その誠意は伝わっていくのだということも、教えていただいたのです。

日本の未来に責任を持とうと考えている立派な人はたくさんいる。正しいことは正しいと判断してくれる方もいらっしゃる。世の中を信じようと思えるようになりました。

「世の中は変えられる」のです。一人ひとりが声を上げることによって。縁起の理法によって。未来は変えていけるのです。

一度もお会いしたことはないけれども、私にとって今日まで感謝の思いでいっぱいのお一人です。

やはり、もう後戻りはできない

今、日本は大きな岐路に立っています。古い時代の価値観と、新しい時代の価値観が交錯して、ぶつかっているような時代です。

そのような時代を、前に前に進ませる時には、いつも人類に新しい目覚めを与える思想の登場がありました。

経済でも、政治でも、その時代の不幸を乗り越えるために、新しい思想が登場します。

そして一時代のみならず、文明レベルで人類そのものの認識を変化させ、巨大な器を持って人間を一つにするものが、宗教だったのです。

そのような思想は、行動に移す実践者たちによって、世界各地に根付いていきます。

それはまるで、心のロウソクに火をつけるようです。

釈尊は「無尽灯のたとえ」を説いています。一本のロウソクは有限です。小さい炎が一つあるだけです。しかし同時に無限です。

一本のロウソクが燃え尽きても、次のロウソクに火を移していけばいいのです。

それは、時間と空間を越えて、無限に広がっていくのです。

肉体人間の限界を超えて、霊的仕事は広がっていきます。

私は、大川総裁の教えで、心に灯をともした一人です。

真実を知った時、新しい認識を受け入れた時、もう後戻りはできません。

新しい「認識」が共通基盤になることによって、人類は進化できるのです。

世界中の人々が魂を最大限に輝かせて、喜びに満ちた人生を送れるように。

自由を抑圧するものと戦って、新しい理想の国を創れるように。

日本がその先導役として、新しい国づくりをして、人類に希望の未来を開くことができるように。

これが私たちの考える幸福実現革命であり、幸福維新です。その担い手として、私は命を懸けたいと思います。そして、一人でも多くの方に、共に立ち上がっていただきたいと願っています。

あとがき

大川隆法総裁の直弟子にさせていただいてから二四年。早くも四半世紀が経とうとしていますが、その歳月は、驚くことばかりで、エキサイティングという表現ですむレベルではありませんでした。

大川総裁はアメリカでオバマ大統領が誕生するや、アメリカの左傾化を予言し、中国の習近平主席が登場した際は、多くの人の民主的な人物ではないかとの予想を打ち砕くように、その危険性に対して警鐘を鳴らしました。

北朝鮮の金正恩第一書記には、日本に向けてミサイルを発射したことに対し、真正面から批判しました。

何かにつけ歴史問題を引き合いに日本を批判してくる韓国の朴槿惠大統領を叱り飛ばし、日本を批判する元従軍慰安婦は嘘つきだと断言されました。

イスラム教に対しては、旧い体質を批判しつつ、イノベーションを促そうとされています。

さらに、インドのブッダガヤに七万人もの聴衆が詰めかけた時は、並いる仏教寺院の高僧を前に、新しい時代の悟りを獅子吼《ししく》されました。

アフリカでは、土砂降りのなか、巨大なスタジアムで新たなる希望を説かれました。

国内でも、日銀総裁や財務官僚、首相や大臣、巨大マスコミに対しても、「正しいものは正しい、間違っているものは間違っている」と、堂々の正論を展開されました。

そんなことを言っていいのか。

危ないのではないか。

しかし、大川総裁は、いささかも臆することなく、日本や世界で、タブーとされてきた縛りを、説法によって一つひとつ切り崩していかれました。

そのお姿を見て、「大川総裁ほど〝自由〟な人はもう二度とこの世に現れない」と確信しています。

さて、「幸福実現党宣言」が説かれた時のことです。

目の前で聴聞していた私は、これから一体何が始まるのかよく理解できませんでした。

まさか政党を立ち上げるとは。

思わず怯む弟子たちも多いなか、そうこうしている間に、大川総裁自らマイクを握って新宿や池袋で街宣をされ、「国難選挙」を掲げて突入していきました。

それから五年以上が経ちます。

同じ時代を歩ませていただく弟子の一人として、「自由の創設」に命を懸けることが、私たちの使命だと燃えています。

日本が「自由の大国」となる日を夢見て、何ものにもとらわれることなく、さわやかな風となって地上を吹き抜けていきたいと思います。

日々、私たちをお導き下さり、また本書の発刊をお許しいただいた大川隆法総裁先生に心からの感謝を捧げるとともに、ご支援を賜っておりますすべてのみなさまに厚く御礼申し上げます。

二〇一四年一一月二〇日

幸福実現党党首　釈量子

参考文献

大川隆法著『「宗教の挑戦」講義』幸福の科学

大川隆法著『幸福実現党宣言』幸福の科学出版

大川隆法著『幸福の科学大学創立者の精神を学ぶⅡ（概論）』幸福の科学出版

大川隆法著『永遠の法』幸福の科学出版

大川隆法著『ユートピア価値革命』幸福の科学

大川隆法著『釈量子の守護霊霊言』幸福実現党

大川隆法著『政治の理想について』幸福の科学出版

大川隆法著『王陽明　自己革命への道』幸福の科学出版

大川隆法著『政治と宗教の大統合』幸福の科学出版

大川隆法著『自由の大国——2009街頭演説集⑤』幸福実現党

大川隆法著『「正しき心の探究」の大切さ』幸福の科学出版

大川隆法著『新・日本国憲法試案』幸福の科学出版
大川隆法著『夢のある国へ――幸福維新』幸福の科学出版
大川隆法著『理想国家日本の条件』幸福の科学出版
大川隆法著『ユートピア創造論』幸福の科学出版
大川隆法著『愛の原点』幸福の科学出版
大川隆法著『ザ・ネクスト・フロンティア』幸福の科学出版
大川隆法著『「集団的自衛権」はなぜ必要なのか』幸福実現党
申東赫著『収容所に生まれた僕は愛を知らない』ベストセラーズ
劉暁波著『天安門事件から「08憲章」へ』藤原書店
マルクス、エンゲルス『共産党宣言』岩波文庫
渡辺照宏著『渡辺照宏著作集第五巻　法句経』大法輪閣
福田正治編著『仏教聖典』黎明書房
原田泰著『若者を見殺しにする日本経済』ちくま新書

エドマンド・バーク著　『フランス革命の省察』ＰＨＰ研究所
中川八洋著　『正統の哲学　異端の思想』徳間書店
安達正勝著　『死刑執行人サンソン』集英社新書
ルソー著　『社会契約論』光文社古典新訳文庫
平松茂雄著　『現代中国の軍事指導者』勁草書房
平松茂雄著　『中国と朝鮮戦争』勁草書房
平松茂雄著『中国はいかに国境を書き換えてきたか』草思社
ハンナ・アーレント　『革命について』ちくま学芸文庫
ハンナ・アーレント　『人間の条件』ちくま学芸文庫
小林勝人訳注　『孟子（上・下）』岩波文庫
ジェフェリー・フェファー、ロバート・サットン著　『実行力不全』ランダムハウス講談社
林田明大著　『真説「陽明学」入門』三五館
林田明大著　『真説「伝習録」入門』三五館

松本健一著　『「孟子」の革命思想と日本』昌平黌出版会
トマス・モア著　『ユートピア』岩波文庫
ジョージ・オーウェル著　『一九八四年』ハヤカワepi文庫
本多静六　『本多静六の努力論』幸福の科学出版
本田宗一郎著　『本田宗一郎　夢を力に』日経ビジネス人文庫
小倉昌男著　『経営はロマンだ！』日経ビジネス人文庫
大川真輝著　『僕らの宗教、僕らの大学（上）』幸福の科学出版
大川真輝著　『僕らの宗教、僕らの大学（下）』幸福の科学出版
高木八尺・末延三次・宮沢俊義編　『人権宣言集』岩波文庫
「週刊ダイヤモンド」通巻4556号（2014年11月15日号）「『宗教』を学ぶ」ダイヤモンド社
坂中英徳・浅川晃広　『移民国家ニッポン』日本加除出版
黒田勝弘著　『韓国反日感情の正体』角川oneテーマ21
幸福の科学広報局　『ストップ・ザ・ヘア・ヌード』幸福の科学出版

著者＝ **釈量子**（しゃく・りょうこ）

幸福実現党党首。1969年11月10日生まれ、東京都小平市出身。國學院大學文学部史学科卒業後、㈱ネピアを経て、宗教法人幸福の科学に入局。学生局長、青年局長、常務理事などを歴任し、幸福実現党に入党。2013年7月に党首に就任。現在、月刊「ザ・リバティ」で「釈量子の志士奮迅」、月刊「アー・ユー・ハッピー？」で「釈量子のライジング・サン」、フジサンケイビジネスアイで「太陽の昇る国へ」、夕刊フジで「いざ！幸福維新」を連載中。著書に『勝手にモージョ相談処』（青林堂）。

命を懸ける

―幸福を実現する政治―

2014年11月25日　初版第1刷
2014年12月26日　　　第2刷

著者　釈 量子

発行　幸福実現党
〒107-0052　東京都港区赤坂2丁目10番8号
TEL (03) 6441-0754
http://hr-party.jp/

発売　幸福の科学出版株式会社
〒107-0052　東京都港区赤坂2丁目10番14号
TEL (03) 5573-7700
http://www.irhpress.co.jp/

印刷・製本　株式会社 東京研文社

落丁・乱丁本はおとりかえいたします

ISBN978-4-86395-607-0 C0030

幸福実現党シリーズ

「集団的自衛権」はなぜ必要なのか

日本よ、早く“半主権国家”から脱却せよ！ 激変する世界情勢のなか、国を守るために必要な考え方とは何か。この一冊で「集団的自衛権」がよく分かる。

【幸福実現党刊】

1,500円

韓国 朴《パク》正《チョン》熙《ヒ》元大統領の霊言
父から娘へ、真実のメッセージ

娘よ、反日・親中戦略をやめよ！ かつて韓国を発展へと導いた朴正熙元大統領が、霊界から緊急メッセージ。娘・朴《パク》槿恵《クネ》現大統領に苦言を呈す。

【幸福実現党刊】

1,400円

吉田松陰は安倍政権をどう見ているか

靖国参拝の見送り、消費税の増税決定――めざすはポピュリズムによる長期政権？ 安倍総理よ、志や信念がなければ、国難は乗り越えられない！

【幸福実現党刊】

1,400円

※表示価格は本体価格（税別）です。

最新刊

自由を守る国へ

国師が語る「経済・外交・教育」の指針

アベノミクス、国防問題、教育改革……。国師・大川隆法が、安倍政権の課題と改善策を鋭く指摘! 日本の政治の未来を拓く「鍵」がここに。

1,500円

外交評論家・岡崎久彦

後世に贈る言葉

中国崩壊のシナリオ、日米関係と日ロ外交――。この国の自由を守るために、「外交の指針」を安倍首相の元ブレーンが語る。

1,400円

ソクラテス「学問とは何か」を語る

学問とは、神様の創られた「世界の真理」を明らかにするもの――。哲学の祖・ソクラテスが語る「神」「真理」「善」、そして哲学の原点とは。

1,500円

最新刊

額田女王《ぬかたのおおきみ》、現代を憂う

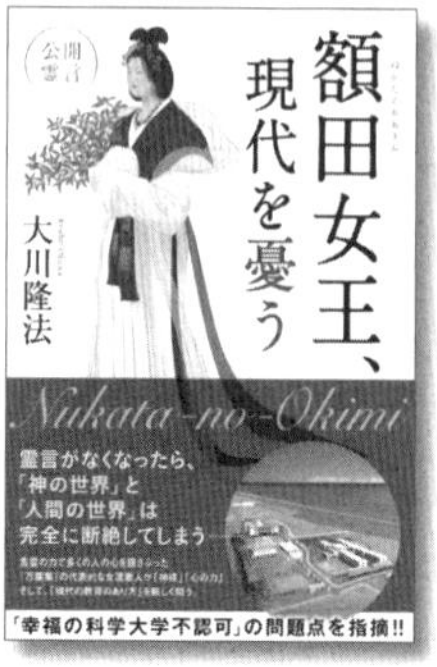

『万葉集』の代表的女流歌人・額田女王が「目に見えない心」や「言葉に宿る霊力」の大切さ、そして、「現代の教育のあり方」を問う。

1,400円

夫を出世させる「あげまん妻」の10の法則

これから結婚したいあなたも、家庭をまもる主婦も、社会で活躍するキャリア女性も、パートナーを成功させる「繁栄の女神」になれるヒントが、この一冊に!

1,300円

ヘレン・ケラーの幸福論

どんな不自由や試練であろうと、「神の愛」を知れば乗りこえてゆける——。天上界から聖女ヘレンが贈る、勇気と希望のメッセージ。

1,500円

大川隆法霊言シリーズ・「信教・学問の自由」を考える

南原繁「国家と宗教」の関係はどうあるべきか

戦時中、『国家と宗教』を著して全体主義を批判した東大元総長が、「戦後体制からの脱却」を提言! 今、改めて「自由の価値」を問う。

1,400円

矢内原忠雄「信仰・言論弾圧・大学教育」を語る

幸福の科学大学不認可は、「信教の自由」「学問の自由」を侵害する歴史的ミスジャッジ! 敬虔なクリスチャンの東大元総長が天上界から苦言を呈す。

1,400円

内村鑑三「信仰・学問・迫害」を語る

プロフェッショナルとしての信仰者の条件とは何か? 近代日本にキリスト教精神を打ち立てた内村鑑三が、「信仰論」と「伝道論」を熱く語る!

1,400円

公開霊言シリーズ・文科行政のあり方を問う

スピリチュアル・エキスパートによる 文部科学大臣の「大学設置審査」検証（上）

里村英一・綾織次郎　編

６人の「スピリチュアル・エキスパート」を通じ、下村文科大臣の守護霊霊言を客観的に分析した“検証実験”の前編。大学設置審査の真相に迫る！

1,400円

スピリチュアル・エキスパートによる 文部科学大臣の「大学設置審査」検証（下）

里村英一・綾織次郎　編

下村文科大臣の守護霊霊言に対する“検証実験”の後編。「学問・信教・言論の自由」を侵害する答申が決定された、驚きの内幕が明らかに！

1,400円

大学設置審議会インサイド・レポート

大学設置分科会会長 スピリチュアル・インタビュー

数多くの宗教系大学が存在するなか、なぜ、幸福の科学大学は「不認可」だったのか。政治権力を背景とした許認可行政の「闇」に迫る！

1,400円

※表示価格は本体価格（税別）です。

守護霊インタビュー

朴槿恵韓国大統領
なぜ、私は「反日」なのか

従軍慰安婦問題、安重根記念館、告げ口外交……。なぜ朴槿恵大統領は反日・親中路線を強めるのか? その隠された本心と驚愕の魂のルーツが明らかに!

1,500円

中国と習近平に
未来はあるか
反日デモの謎を解く

「反日デモ」も、「反原発・沖縄基地問題」も中国が仕組んだ日本占領への布石だった。緊迫する日中関係の未来を習近平氏守護霊に問う。

【幸福実現党刊】

1,400円

孫文の
スピリチュアル・メッセージ
革命の父が語る中国民主化の理想

中国や台湾で「国父」として尊敬される孫文が、天上界から、中国の内部情報を分析するとともに、中国のあるべき姿について語る。

1,300円